紹興大典

史部

同治 嵊縣志

4

中華書局

嵊縣志卷十八

列女志　節孝　貞烈

昔李翺之言曰賞一女子而天下勸亦王化之大端也春秋書婦人者三敬姜而外宋伯姬以貞書紀叔姬以義書聖人於此殆有重人倫維風化之意焉剡自公孫夫人秉高行皭然爲閨閤表率生其後者往往恤緯窮閻之死靡忒節矣至若身丁寇亂慘甚末亡玉守孱軀飴茹鋙刄直欲與清風片石競美千秋又何烈也嗚呼是亦足以重人倫而維風化者矣爰就搜采所及合已未旌者寬格

紀之爲女士勸庶或有當於春秋之旨也夫志列

女第九

節孝

晉

公孫夫人佚其夫姓名以節操聞鈕滔母孫氏爲作敘贊見文翰

齊

陳婺妻少與二子寡居好飲茗以宅中有古冢每飲先祀之二子以母勞苦欲掘去母禁而止夜夢一人曰吾止此三百餘年賴相保護又饗吾佳茗雖潛壤朽骨豈忘翳桑之報及曉於庭內獲錢十萬於是禱酹不輟氏年九十餘終

唐

貞女姚文玉父承大仕爲行軍司馬女幼字山陰王僉判子未婚而夭誓不更嫁聞有媒氏來議婚輒牽父衣袖泣欲自盡父憐其志遂不復强分產與諸子均長興四年歲大旱貞女出粟五千餘斛以賑及老悉捨所置羅松鄉別業田地建佛寺并於寺旁架石橋以濟行路天福七年吳越王賜額資國院里人塑貞女及其父母像於寺之西偏四時禮薦焉

元

王伯熙妻袁氏早寡誓死苦節以終

竺宗海妻韓氏年二十而寡家貧紡績撫事編修許汝霖有傳

錢尚褧妻吳氏年三十五寡生元明易代之時翁莊以宦遊多累氏支應門戶教養諸子有方人咸稱之

明

張門雙節　彥聰妻范氏彥明妻錢氏范名佛壽年二十一適彥聰五年生子甫匝歲而夫卒錢名德善年二十九子尚襁褓而夫亦卒家貧相與紡績養舅姑撫遺孤舅姑相繼死棺殮具以禮會兵興喪不能舉兩氏日夜號慟隣人憐之爲舁櫬葬先塋之側乃各攜孤廬墓次修祀事惟謹邑人重之名葬地曰張墅有司以聞洪武二十一年表曰雙節之門范年八十六錢年八十二合葬游謝鄉

錢尚質妻邢氏　年二十九寡性嚴毅勤於操作撫孤成立計守節三十六年

謝源妻袁氏　年十九歸源事舅姑孝謹十年源卒守節課子廉登景泰甲戌進士歷官河南參議詔旌之　謝廉舊志作濂今據通志郡志改正

應源妻錢氏　名宜字妙眞剡源鄉錢信一女性專靜贅源於家源歸疾卒宜時年十九偕母往視殮哀毀不欲生母促之歸宜曰此兒家也焉歸耶朝夕哭奠已而營夫墓命造兩穴明無他志既葬歸母復促之歸勸以嫁不可分隣嫗諷焉又不可母再强遣引繩自縊母知其志不可奪聽歸應氏立叔氏

子則氏爲後與繼姑董相依以守事之甚謹宏治已酉年八十餘卒有司以聞詔旌其廬

儒士錢深妻竺氏顛沛不渝夫没時氏年三十計守節三十一年

儒士錢滂妻竺氏年三十寡性嚴正人敬憚之撫三子成立俱能讀書以淹博稱計守節四十七年

錢梓妻呂氏

錢善守妻商氏年二十九寡守節二十二年

錢楀妻張氏年二十八寡撫周歲子成立事濵翁久而能敬計守節二十餘年

錢帥妻劉氏年二十寡撫姪爲嗣教養備至計守節三十四年

沈璩妻徐氏

求文慶妻張氏先後並以節聞

生員錢德黼妻謝氏年二十五寡事翁姑克誠克敬撫藐完貞後嗣克昌

錢遵寶妻呂氏年二十二寡事姑甚孝子方生撫以成立計守節二十餘年

錢禮賓妻周氏

錢如儀妻鄭氏夫故時氏年二十二守節四十四年

錢慶鸞妻史氏年二十七寡守節三十二年

姚仍妻孫氏年二十七守節姑病瘋氏謹事之始終如一成化中邑令許岳英以聞詔旌之

周璉妻俞氏年十七守志撫襁褓孤倭寇內訌歲又大祲氏紡績供饔飱備極艱辛姑疾衣不解帶者一年詔旌其閭年八十卒

董和妻姜氏夫亡守志課子子行讀書成萬歷丁丑進士官御史巡按山西陝西請於朝奉詔旌表累受封典卒年七十餘

吳振宸妻劉氏早年守志萬歷間奉詔旌表八十餘卒府志作振寰

夏統妻葉氏年十九寡卒年七十八萬歷間旌

吳有本妻石氏夫病刲股不效時年二十守志終身足不踰戶外家貧郡邑歲給粟帛巡按御史謝某題旌之年八十餘卒一日題扁忽墜家人徙之他所未幾室燬而扁獨存

進士龔璉妻佚其氏以節名據李志選舉志補

王瓊妻石氏新昌石彥蓮女于歸四年瓊父嗣仁以事被逮瓊詣縣請代得允至京病卒子文高生三月矢志鞠養事祖姑黃姑龔甚謹以節孝名

王慕妻陳氏　王訒妻韓氏

王應坤妻李氏年皆十八　王莊妻張氏名玘年二十七

諸生王應星妻施氏年十七　王和賓妻姚氏

王繼遷妻俞氏年皆十九並守節享高年有司表其閭

丁一松妻童氏年二十一夫亡子起說甫六齡家貧氏守志撫之課讀成諸生天啟間邑令劉永祚表其門

裘純忠妻俞氏三乳五子志鏕志鉉志銓志銘志鑑氏年二十八夫故欲殉五子泣免終身茹素課子不少寬假後鏕鉉補博士弟子有聲士林　國朝知縣羅人猷給書扁風徽額獎之

張元國妻錢氏年二十七夫死守節知縣劉永祚獎之

張承傳妻朱氏結縭年餘夫亡撫遺腹子友應守節六十年知縣張時暘表曰節凜冰霜

邢鑑妻吳氏李志作陳氏自鑑以下諸邢俱係明人而李志與府志皆作　國朝今據邢氏譜改正

邢鎮妻史氏

邢欽妻吳氏妯娌也皆以節孝著邑令許居英顏其居曰三節堂

邢便善妻商氏年十一

邢木爾妻朱氏年二十六皆無子守

志邑令劉永祚鄧藩錫雨表其閭

盧允中妻許氏年二十六允中任西甯衞知事死難氏疏食布衣堅持苦節撫孤成立

盧允端弟允中妻黃氏年二十四守志如其姒俱八十餘卒稱雙節焉

董能八妻黃氏氏會稽人夫亡無子以苦節著

姚安輝妻吳氏年二十夫亡遺腹生一子夭志守節未幾子復夭乃撫其孫備嘗辛苦卒年八十

姚學基妻王氏年二十二夫亡上有耄姑遺孤尚在襁褓生膳死葬育子娶媳皆藉給十指卒年七十七

周亮清妻錢氏

周琨妻呂氏年俱二十一守志撫孤以節孝稱

周謹妻張氏年二十六貞守撫孤李志作馬氏今據周氏譜改正

周亮德妻尹氏年十九夫死無子舅

姑欲奪其志氏斷髮毀容誓以靡他繼姪居沅爲後媳黃氏事之孝尹疾刲股閭里嘉之

李廷獻妻周氏（年二十二遺孕甫三月舅姑年竝七十餘無伯季可依氏矢志自守小姑適新昌富室利其有屢諷之嫁謂孕未必男男未必長氏指天誓曰孕即非男男即不長吾無他志紡績贍舅姑彌月生子振才越六年舅姑相繼歿小姑復諷之曰是兒孱弱未必保盍早爲計氏矢志益堅至鬻產盡凍餒交迫不惜也卒年九十小姑生四子俱暴亡及卒振才爲治殮鄉黨傳以爲鑒）

李光堯母胡氏（夫亡三子皆穉家徒四壁氏工紡織無膏火則拾松脂然之夜分猶聞絡緯聲貿布市棉輾轉營蠅頭利以資生活及光堯稍長卒兩弟力耕燒炭漸可自給光堯乃讀書鹿山先爲兩弟完婚母病刲股以療及歿廬墓終喪鄉里稱節母後孝友並懋）

裘純啟妻王氏（年二十七寡守節三十年府志作王純啟妻裘氏誤）

鄭郊妻王氏　吳梓三妻詹氏（年皆二十一）

鄭蕃一妻諸氏年二十七　鄭景六妻鮑氏年二十八

鄭本深妻胡氏年二十三皆守志全貞以壽終

金汝發妻鄭氏家亦貧夫亡依居母家紡績餬口饔飧恒不繼其苦節尤倍於常云

諸生裘煒妻王氏年二十六煒亡課子芬補弟子員歷節四十餘年

裘毓國妻袁氏年二十七夫亡撫孤成立以節著

鄭思讓妻董氏名淑英夫亡不事容飾雖親戚妯娌鮮所接見晚年持節益堅

鄭惟清女白姑字丁某甫行聘而丁死姑慟哭隨母往視含殮歸構一樓不設門窗鑿穴僅容食物升降日夕事女紅積資置田以供夫祀越二十餘年親喪乃始下樓時與幼輩書誌清白事卒年八十一

邢堯妻商氏

邢淙妻張氏

邢鐕母錢氏皆青年守志李志以三氏

並入國朝今據邢氏譜改正

張勷妻王氏

張化妻邢氏並青年矢志府志李志俱作張傒且俱入國朝今據張氏譜改正

支侃九妻張氏年十九侃九以王事卒京師氏誓不二天撫孤成立子永昇出就外傅氏手定句讀歲饑出粟以賑

袁應吉妻金氏夫死守志

鄭式三妻何氏夫亡家貧以節著

鄭秀一妻董氏夫死守志以節著

袁祖典妻張氏封股救姑姑病痊奉養十餘年而終邑諸生周統李茂先具呈由縣申憲額表其廬

訓導張軫妻姜氏以節著邑令林誠通表其門

邢浣妻張氏年二十四寡

邢克嘉妻呂氏守節邑令朱一柏表之

邢正謨妻錢氏畢姻甫四月而夫亡邑令文典章表之

邢于衛妻王氏 邑令劉永祚表之

之

卒年七十二邑令林岳偉表其廬

邢如登妻張氏

邢鳳鑾妻俞氏

邢開宗妻過氏

邢秉倫妻尹氏

邢公衮妻應氏

邢舜京妻竺氏

諸生邢于翰妻錢氏 俱以節著

邢于甸妻錢氏 守節邑令鄧藩錫表

鄭忠一妻王氏 年二十一夫亡守節

邢叔嘉妻鄭氏

邢宗璞妻史氏

邢宗熙妻姜氏

邢華化妻吳氏

邢大學妻商氏

邢大器妻商氏

邢齊恩妻錢氏

邢舜齡妻金氏

邢亘巒妻韋氏

邢正朋妻張氏

邢發起妻錢氏

邢和德妻錢氏皆以清貧著節

邢饒妻張氏年二十

邢仲溫妻相氏年二十三

邢林宗妻錢氏年二十七

邢貴琮妻周氏年二十六皆以節著

邢濛妻謝氏以節壽稱諸文人作詩歌以表揚之名曰表貞集

邢舜典妻周氏以節壽稱一時名公鉅卿如尚書呂光洵等皆有詩歌裒然成集

諸生魏家鑑妻葉氏年二十五夫亡生子懋祖甫晬撫養成立爲邑諸生卒年八十九

王珍妻范氏

王瑚妻許氏姻婭也珊瑚以事被逮死戍所二氏煢煢寡居矢志堅貞奉姑撫孤以節孝著

裘仕岑妻徐氏二十四寡守節以終

尹宜祖妻張氏年二十二寡值明季鼎革顛沛流離卒以節著總戎姜君獻序其事甚詳

唐宗浪妻鄭氏年二十九夫亡子幼矢志撫育備歷艱辛凡四十一年

呂士評妻史氏年二十八夫故守節三十餘年

任淵妻張氏年十八寡撫孤成立至八十歲孫曾羅列顧而樂之笑脫其頤而卒

周霱妻錢氏年二十四夫死守節子又早世與媳趙氏並以節終

周雹妻張氏年二十八夫亡撫孤成立

周假妻沈氏年二十四夫死矢志子洩亦以孝聞

周保妻金氏年二十三夫亡撫孤成立

周晉妻趙氏年十八夫亡矢志與姑張煢煢相依稱節孝焉

周世燦妻李氏年二十三夫亡有欲奪其志者引刀截髮以死自誓

周懋妻竺氏年二十夫亡子方娠自誓不二克全其終

周成綵妻錢氏年二十四夫亡撫三歲孤成立享年八十三

周成蘭妻魏氏年二十三夫死守節孝事舅姑撫孤成立年八十一卒

周于仁妻商氏年二十八夫故家貧

周勝殷妻尹氏年二十寡矢志撫孤

周邦仁妻俞氏年十八一乳二子夫亡矢志紡績撫孤

周邦劍妻俞氏二十四寡矢志撫孤

周邦銓妻裘氏年二十九夫亡生子苦節撫孤

周明聖妻錢氏年二十七寡卒年八十三

吳伯宇妻菴氏夫亡守節四十餘年周海門先生爲之傳

唐希昌妻婁氏年二十六寡矢志撫孤卒年六十三

吳誠八妻毛氏夫亡年未三十苦節以終

金允相妻倪氏守節不二

國朝

錢斐章妻邢氏年二十二而寡舅姑與父母爲之議婚氏聞涕泣誓死知不可强乃立姪承和爲子撫之如所生一女適諸生邢殿馨亦以節著雍正五年旌

錢言貞妻周氏三十而寡撫子從教以義方處妯娌賢而有禮守節十七年卒

錢存孝妻盧氏年二十二寡舉動以禮教養有方守節五十三年

錢和祥妻邢氏年三十一寡奉邁姑四十二年無怠撫藐諸成立後孫曾繞膝計守節五十五年

生員錢鼎誠繼室張氏夫没時年三十五教子讀書遊庠計守節且四十年

錢引昌妻過氏夫卒時年二十四奉養翁姑敬而有禮教子誦讀有聲士林計守節四十六年

錢言衡妻應氏年二十九寡寸心金石苦節全貞計守節四十八年

錢和富繼室張氏年三十四寡守節十七年

錢順俊妻周氏夫卒時年二十二奉盤匜於君姑君舅孝養無虧協雍睦於兄公女公風規咸稟計守節五十五年

錢鼎熊妻邢氏年三十三寡寒機軋軋相聞哀相之圓冰抱稜稜勿弛共姜之守計守節二十一年

錢起華妻馬氏夫故時氏年二十五瀟瀟夜雨時聞嗚杼之聲慘慘晨霜每厲晝灰之字計守節十餘年卒

錢芳茂妻王氏年二十九寡孝翁姑善持家守節二十八年

錢紹凌妻過氏年二十七寡刀尺寒燈淒其茹苦奉邁姑孝養無違育二齡雛辛勞彌摯守節四十四年

監生錢紹泮妻呂氏年三十三寡家遭火災又被訟牽幾覆危巢集蓼茹辛卒興家業撫遺腹成立振其門祚守節五十年

錢事聖妻呂氏年三十四寡奉養孀

姑二十餘年累世清節鄉閭咸敬計守節二十五年

錢鼎迴妻馬氏年三十二寡兩孤待哺舉目無依衣食悉出十指計守節三十一年

錢事恆妻過氏夫卒時氏年二十二撫藐完貞教子能尊師親友以成其德守節三十二年

商建仁妻袁氏年二十五寡詩咏汎舟矢其姜之靡慝教殷晝荻希歐母以有成里人重彼堅貞戚友稱茲淑慎事上撫孤兩無所負計守節四十又九年

裘聖先妻錢氏年二十二寡無出繼族姪承祧食貧砥節歷四十餘年

吳志洽聘妻商氏未結褵而志洽死女請哭臨父母不許乃易服守志百計奪之不得依兄嫂以居食貧茹苦恬如也及卒族人高其操以姪諸生士栻爲之後而迎柩合葬焉

尹定宸妻王氏年二十三寡氏勺水不入口者五日舅姑含淚慰藉乃勉進飦粥姑病無力供藥餌刲股以進病竟愈拮据爲子娶趙氏甫生一孫未幾子死孫殤姑媳相依爲命號泣之聲徹閭

閈閭者爲之酸鼻

周思孝妻盧氏思孝以貧故廢學氏盡脫簪珥請佐讀書資因從師長樂鄉失足墜溪死氏環溪號慟欲以身殉姑史氏曰爾有孕倘生子吾兒猶不死也今俱死吾復何望亦欲從之死氏乃止彌月子生守節撫之成立

孫嘉馨妻王氏歸四年夫病劇氏剪髮毀容明無他志及夫亡遺孕生一子年十八復夭抑鬱成疾猶日事女紅供舅姑膳宗黨憐之乃於氏之卒也爲立服姪之子睿以承其祧　以上六年旌

趙羲日妻宋氏年二十一夫亡家貧遺孕纔七月人咸爲氏危氏泣曰生爲趙家婦死爲趙家鬼無問男女惟行吾志耳彌月生子登選多方保護課以書得爲諸生守節三十五年　九年旌

喻恭咸妻王氏字撫非淮陽兵備王心純孫女大司馬喻安性孫媳也恭咸髫齡喪父母撫於甥館外傅內姆書聲相應及長稱贅壻不踰年際滄桑變西陵潰兵由剡入台所至焚掠恭咸避亂遠溪病作氏聞往視已不能言惟握手訣別而已遺腹生一子氏保護之無何而心純夫婦相繼死子復

天無可依恃乃歸行廟見禮繼恭復子大基家故素封而氏屏棄鉛華布衣素食日夜事女紅未嘗稍輟年七十餘卒

宋君惟妻沈氏夫死家貧守節事姑兩繼夫兄子並夭老無所依姪驥德迎養以終

錢鼎爲妻馬氏孝事舅姑撫三歲孤成諸生坊建於隍廟東首已地以上十三年旌

趙子新妻屠氏早寡日夜治女紅課子家幹書甚嚴雖成諸生必督肄業弗使涉家務守節四十七年

裘孟玉妻邢氏年二十一寡無子翁姑憐其少又自傷貧窶勸他適氏引刀畫面守志終身以上乾隆元年旌

諸生袁龜齡妻張氏夫亡遺四歲孤家貧舅姑又病風痺氏事之五年無倦容舅臨卒曰此吾家節婦亦吾家孝女也手書梗概示子若孫

吳士榛妻孫氏事翁姑至孝及稱未亡人屏棄紈綺鍵一室獨處課子熙述書未嘗稍寬

假婦道母儀

馬建藩妻裘氏建藩貧而好學氏紡兩克無媿績供膏火夜分書聲瑣瑣與絡緯相間甫補弟子員而卒氏立志守節孝養舅姑爲宗黨所稱

趙國賢妻王氏生子五歲而寡計事夫疾四年事姑疾十三年生養死葬咸藉鍼黹而卒未嘗廢禮以上皆二年旌

尹琦妻趙氏名靜貞年二十三夫亡斷髮誓志紡績事舅姑氏孫訴赴闕陳狀詔旌之

張孕彩妻周氏

張雍起妻裘氏姑媳也周年二十二裘年二十七遺孤皆一歲事姑同孝撫孤同慈而膺旌典祀節孝祠亦同日

鄭懷仁妻傅氏會稽傅全芝女紡織佐夫讀雖祁寒酷暑必夜分乃寢及夫亡勺水不入口姑泣曰鄭氏一綫惟茲藐孤望爲我撫苦爾死則更貽我慟矣氏含淚謝不敢乃撫孤成立終其身未嘗見笑容

馬其達妻汪氏早寡遺孕生子陵郡弱冠補諸生又夭宗黨爲繼二子氏好施與鄉里藉

以舉火者不下數十家人謂能體翁志云翁名驊見義行傳

張學思妻趙氏年二十一夫亡長子三歲次甫匝月擬從夫地下其父母曰汝死則藐孤誰託不幾斬汝夫祀乎氏再拜受命守節撫之以上三年旌

龔存誠妻沈氏夫死遺孤纔八月舅姑耄而病氏截髮守志拮据供甘旨營殯埋迨老而傳矣子媳又相繼死呱呱藐孫藉撫成立年九十六猶健飯及見恩旌云

龔思泳妻張氏嘗刲股愈姑疾相夫讀書家雖貧怡如也夫亡撫三歲孤守節五十三年

張懋棠妻孔氏上事下接內外無間言夫亡子啟邦甫二齡撫之成立勉以讀書迨補弟子員始一見笑容持躬端慤宗黨化之多守節者

王世武妻陳氏事姑王孝夫病罄粧奩醫治罔效遺孤四歲紡績易米以食守節四十六年

馬其聰妻龔氏結褵未三月夫亡繼姪燮雲冰霜之操歷四十六年如一日以上四年

旌

盧伯昇妻趙氏年二十而寡家無升斗儲氏織紝奉耄舅姑撫週歲兒極人世所最苦者氏備嘗之無憾色舅姑歿躬負土築墳手植松柏行路爲之感嘆

樓紹顯妻周氏年二十五稱未亡人撫三歲孤口授句讀後子媳並死復鞠週歲孫鄰家火號天呼泣風忽反氏居獨全知縣顏其堂曰節保

金惟清妻趙氏夫亡舅姑復相繼死孑焉一身撫匝月孤守志終身

趙明如妻胡氏定祥後明如病篤舅姑欲迎娶父母難之氏曰女既許趙即趙氏婦設病得起固幸否亦終爲趙氏鬼遂歸趙越半月死婚禮未成也舅姑與父母計商改字女泣曰前請歸時已預知有此日因截髮自誓舅姑歿族人抑不使繼氏訟於官爲立從姪登杏議者比之前花庄商貞女云

諸生沈思齊妻黃氏年二十三寡繼姪鱗爲子提攜顧復備極劬勞至老操女工不倦彌留時笑謂家人曰我可無負亡人矣

樓于禮妻張氏幼字于禮未幾于禮

聱父母憂之女曰命也夫何言歸一年而寡又三月翁死奉姑命繼姪廷樑爲嗣守節三十一年

徐繼聲妻高氏年二十四夫病刲股不效上有兩世孀姑遺子必達纔二齡生事死葬皆一身經營之而又能課子爲諸生宗黨嘖嘖嘆不可及以上五年旌

魏艮佐妻竺氏佐字翼之業儒而貧氏紡績佐不逮夫亡家益艱難氏上奉舅姑甘旨不缺操作之餘猶課子讀書故子岱孫希聖並列名黌序而氏亦享遐齡云

史起燦妻金氏相夫讀書能修婦職夫亡姑哭之痛病幾不起氏號泣呼天刲股和藥以進得復活者七年撫子宗泮備嘗艱苦後至四世繞膝而氏年且九十矣

諸生孫楷妻黃氏篝燈佐讀歷年不倦楷死撫五月孤守節四十三年

喻大廣妻鄭氏早寡子學燦僅五閱月撫養教誨得備弟子員

郭懋達妻周氏夫亡孤纔三月念舅姑耄轉泣爲歡持家勤儉能周貧乏守節三十年

諸生裘華鯤繼妻孫氏夫亡設主榻前飲食起居必以告撫前室子潮與遺腹子海無少異潮爲諸生海亦讀書皆氏訓也　以上六年旌

諸生王肇修妻徐氏夫病刲股不效年二十無子繼姪爲嗣善事舅姑以節孝著七年旌

趙仲瑞妻胡氏

喻大璋妻屠氏子學鈐纔三歲撫之成立娶媳李氏生二女而學鈐又亡守志終身

喻大琛妻馬氏年二十二夫死無子繼姪爲嗣建追報祠以祀三代并置田二十五畝卒年八十妾氏丁亦以節著以上十三年旌

章成紳妻呂氏年二十一夫亡矢志撫孤成立

府志作成勝

沈文榮妻裘氏二十四寡苦節撫孤

張文謨妻喻氏以上十四年旌

崔炯妻朱氏二十九寡守節四十二年

宋一河妻尹氏年二十九寡撫三子成立孝事舅姑人無間言

李安世妻葛氏年十九寡以節孝著宋乾驤妻陳氏年二十六寡妾鄭生子未週撫之如己出敬事舅姑始終不懈守節二十八年卒妾鄭守節五十四年以上十五年旌

任秉國妻張氏年十八夫亡守節二十一年旌

錢肇業妻黃氏以節孝著二十四年旌

商琳玉妻周氏年十九夫亡矢志二十五年旌

俞成榮妻姜氏年二十五寡矢志撫孤二十七年旌

相明行妻裘氏年二十六寡撫遺腹子啓泰

相啓泰妻裘氏年二十一寡撫週歲孤成立三十年旌

支全龍妻丁氏年二十九稱未亡人以節著三十三年旌

張家振妻呂氏年二十七寡無子繼姪爲嗣三十五年旌

丁光被妻童氏年二十三寡家貧親老子幼藉女紅以存活

裘克思妻馬氏年二十夫亡無後矢志守節繼夫兄子怍琛爲嗣奉耄姑以孝稱以上三十八年旌

裘克昌妻馬氏三十九年旌

張永恂女三姑年十三父病朝夕事奉及卒恐傷母心背面隱泣母目失明兄彬又遠出家故貧賴女十指以存活堅於事親守貞不字

史南濱妻沈氏夫故家貧清白自矢

吳乃炯妻梁氏二十一寡以慈孝著

趙景英妻孫氏二十一寡守節撫孤

監生黃球妻裘氏年二十五夫死守節卒年六十九以上四十一年旌

周世榮妻商氏年二十七寡守節

錢世勳妻邢氏夫死守節五十餘年

周斯美字仲山妻宋氏年二十三寡撫姪爲嗣苦節五十年以上四十三年旌

尹遠照妻趙氏年二十三寡事翁孝敬無違撫遺孤教養兼盡卒年七十三

裘肇璉妻張氏年十九夫亡守節王惟巽妻周氏年二十三寡以壽終

裘元纛妻張氏年二十四寡善事舅姑撫孤成立以上四十五年旌

錢洪義妻朱氏年二十八寡孝事舅姑撫子成立守節五十三年四十六年旌

監生錢禹甸繼妻馬氏年三十寡守節五十餘年

傅武僴妻童氏年二十二夫死守節宋全備妻呂氏年二十四寡無子繼姪爲嗣守節二十七年監生錢紹華妻馬氏守節三十年

錢傳謨妻應氏年二十三夫亡守節三十二年以上四十七年旌黃正維妻馬氏年二十九寡無子繼姪爲嗣以上五十年旌章正論妻周氏

章正詳妻周氏矢志堅貞入稱雙節張三坤妻商氏年二十夫死守節卒

年八十二以上五十一年旌

諸生王達尊妻吳氏十七都盧田人達尊病將迎以歸父母難之毅然請往至則調藥餌三年疾瘳後五年寡

錢世寶繼室王氏未婚守節笄操堅貞現已建坊旌表

趙忠貴妻陳氏年二十五寡守節三十七年以上五十三年旌

孫道璐妻姚氏年二十七寡以節孝著五十五年旌

張承華妻周氏年十七夫亡遺腹生一子夭繼子夏俟已生子矣復夭疊遘閔凶煢煢孑立婦道無虧

郭思達妻周氏

張永敔妻裘氏

汪宏遂妻鄭氏

周宣元妻金氏

汪景華妻周氏

袁肇璉妻張氏

馬宗大妻張氏年二十四夫亡守節

趙家輅妻錢氏

莫如德妻張氏

支全能妻金氏

周拱元妻袁氏嫺禮則夫亡無子繼姪爲嗣族黨咸稱之

尹文勳妻王氏青年厲志言笑不苟遠近稱之

周兆鳳妻邢氏年二十寡矢志不二以節孝終

張永培妻魏氏啟奭媳也年二十七寡后乾隆十年其子欲爲請旌氏以姑苦節而例不得旌命其子無得上請卒年五十四以上五十七年旌

諸生周存妻葉氏年二十七寡事舅姑以孝教猶子以義

邢訓謀妻周氏年二十一寡家貧紡績以事舅姑繼姪爲嗣

趙尚杰妻孫氏年二十一寡守節撫孤

張德達妻趙氏年二十六稱未亡人

歷四十餘年如一日

張慈沛妻李氏早寡撫孤以慈節著

商永祚妻周氏年二十四寡卒年八十

裘發惠妻沈氏年二十八寡守節四十五年以上俱乾隆時旌

布理問汪大柱繼妻吳氏年二十七夫死守節卒年五十八嘉慶二年旌

諸生尹鳳飛繼妻袁氏年二十二夫死守節

鄭樹檀妻周氏年二十五夫死守節以上三年旌

監生周廷颺妻俞氏年二十八寡四年旌

史兆貴妻宋氏年二十一寡仰事俯育辛苦備嘗洽內及外井井有條究能植孤保產現已建坊旌表

張顯武妻范氏年二十九寡以上五年旌

張聖縉妻俞氏未婚而聖縉客遊他

鄉不知所終氏過門守志執婦道惟謹姑病刲股以療撫嗣子嚴而有禮新邑陳承然有句云望夫遠道千年石鞠子寒機一片霜可以想其志節矣

諸生宋一鈞妻周氏年二十四寡守節四十餘年以上六年旌

錢紹憲妻過氏年二十三夫亡守節七年旌

周愭廣聘妻錢氏年二十未嫁而寡過門守節卒年五十一　八年旌

宋瑩中妻王氏年二十四夫死守節十年旌

劉元弁妻安氏年二十三寡

丁道烈妻李氏年二十四寡以上十三年旌

笁正俊妻王氏年十九夫亡守節撫遺孤事舅姑以節孝著　十四年旌

孫尙計繼妻張氏年二十三寡

董宇治妻任氏年十九寡以節孝著

監生黃炳妻張氏年二十四寡

監生沈鶴年繼妻鄭氏年二

十七夫亡守志兒女俱殤撫姪爲嗣以上十五年旌

陳組綬妻金氏年二十八夫死守節

張樹松妻馬氏年二十五于歸月餘而夫卒謹事耄姑繼姪爲嗣

史節斐妻支氏年二十二夫亡守節

金有環妻錢氏年二十三而寡松柏之操凜然不渝持家勤儉內外井井人咸稱之以上十六年旌

張樹梓妻薛氏年二十六寡卒年五十九

竺銘勳妻王氏年二十八夫死守節卒年七十六以上十七年旌

單義亮妻周氏二十一寡撫二齡孤成立居石門里享年九十餘欽旌五世同堂

王行順妻韓氏年二十二寡存年七十九以上十八年旌

竺英佐妻俞氏年二十一寡二十一年旌

諸生沈宜文繼妻宋氏二年

十五寡父母欲奪其志截髮自誓撫前室子如已出卒年七十八二十二年旌

諸生邢司直妻商氏年二十一夫亡守志繼姪爲嗣勤儉持家賴以不墜二十三年旌

姚自鈁妻潘氏年二十二寡無子繼姪爲嗣家貧勤儉節省漸致豐裕建宗祠置田一十八畝爲祭祀費又建路亭一所置田五畝零爲施茶費

尹大堯妻錢氏年二十夫死守節以上二十四年旌

宋敦廷妻魏氏年二十九夫死守節二十五年旌

李念岳妻屠氏年十九夫故撫遺孤未幾孤殤舅姑慮其青年諷使改適氏引刀斷指誓以靡他繼姪爲嗣撫之如已出道光元年旌

唐八奎妻宋氏年二十九夫死守志

諸生金廷翰妻楊氏年二十一夫死守節卒年七十五

唐八喜妻魏氏年二十八夫故矢志

撫子子亡撫孫上事邁姑以節孝稱　監生魏汝濱妻俞氏年二十一
寡守節五十五年以上六年旌　周績順妻婁氏年三十夫亡無子繼
姪亮釗爲嗣守節四十四年　童肇爵妻吳氏年二十一寡撫礎祿
孤姑目失明事之惟謹　馬肇均妻鄭氏二十一寡以節自誓
張廷標妻章氏年三十夫死守節　張廷權妻朱氏二十四寡五十餘卒
唐元伯妻王氏二十七寡五十餘卒　唐元溥妻單氏年二十五寡以節終
王啟孝妻張氏年二十八夫死守志卒年七十餘
邢植鰲妻劉氏年二十八夫死守節　邢植鯨妻周氏年二十三夫亡守節
監生支俊輝妻袁氏年三十寡　陳翔雲妻張氏年二十九夫亡以節
自誓享年幾六十　陳成裕妻鄭氏年二十八夫亡守節

享年五十餘

錢芳衢妻過氏年二十六夫死守志遺二子相繼夭繼姪爲嗣卒年七十餘　以上道光七年旌

鄭紹昌妻王氏嫁時紹昌已病瘵王去簪飾侍疾不踰月而紹昌死無兄弟其生母蔡氏年四十餘紹昌父自傷其獨也日夜哭不絕聲王乃斥賣簏中裝爲納妾劉氏而蔡往往與劉齟齬王委曲調劑之卒歸於好厥後劉所生子舉孫男二人王以其長者爲紹昌後守節六十餘年

鄭鼎臣妻陶氏鼎臣少喪父以傭直贍其母弟陶來歸貧嫁衣佃田數畝自蓺黍焉累歲爲小叔娶婦而小叔不馴鼎臣積憂勞而死陶年二十四一子尚在襁也力手指以爲生値歲饑煮草根充腹終不假人升勺

劉氏二節紹曇妻周氏及弟紹景繼妻邢氏也周歸紹曇七年紹曇病不治泣謂周曰吾貧而無子汝勢不能久顧吾母老矣苟終事吾母即嫁無憾周曰事姑吾分也醮而生不若餓而死君無慮焉紹曇死周立紹景之長子漢三爲後未幾紹景亦死

次子漢傑才八月邢亦秉義不二家事無大小必咨稟於姑姑卒則周主之數十年相敬相愛姊娣無以過也周初寡年二十七越四十七年卒邢二十寡嫠居五十三年漢三漢傑子孫蕃衍二節婦皆及見之

周夢騏妻盧氏 幼孤母錢守節鞠之年十七于歸姑錢亦節婦也夢騏病癲無伉儷之恩每疾作輒手大杖撻盧往往嚙其面臂膚如刻劃而盧奉侍惟謹姑泣慰之則曰此新婦命也無幾微慍色夢騏病殆盧刲臂肉和糜進之少愈又數月而卒姑愍之議擇佳對盧聞泣而謝曰凡姑與母所爲新婦見之熟矣必不敢玷兩姓門楣俟小叔生男終當有賴已而姑死叔無子娣亦死益無以爲活隣媼勸之嫁曰吾非不能死特以不良死無以見吾姑吾母耳單居三十年縞衣素食既病出生平所辦衣履裙襦之屬付其隣媼曰此殮具也敢以相乞毋使男子近吾屍又邀宗老而告之曰吾舅姑吾夫莫爲祀者先世遺田二畝舍一間新婦苦守至今請祔先祠以儷亡人言訖而瞑

周尚化妻丁氏 尚化長而奇窮且病癆不能具婚禮因入贅丁急賣粧治之不效未一年

而卒誓殉焉父母嚴護之飄然曰人固當以正命死耳乃奉尚化柩葬周氏之冢尚化家無舍可棲反依母家緜麻不去手而歸其直於父父卻之跪而請曰不如此生不如死而泣不止姊曰芳鄰感丁志操誓不嫁奉丁以老初丁從父受詩在室時詠水面落花一絶識者以爲詩讖云詩見文翰

孫成學妻駱氏　善刺繡年二十四寡獨處一樓晝夜鍼線弗輟日可給數口姑卒有句繡者以羅綺金線夾片紙置樓前而去越日仍於原所取之雖鄰嫗罕見其面甫三十而瞽紡繡自食

諸生吳師瑗繼妻翟氏　涇縣人踰年師瑗溺死翟年二十四子方在襁不一年兒師瑞弟師琬相繼死家落而事駱氏努力肩之未幾子殤以師瑞次子爲嗣又未幾師瑞之長子死娣姒相繼歿翟肩愈重行愈苦而志益堅卒長嗣子以承先祀

王逢存妻俞氏　童時刲股救父既嫁夫病殆復刲股救之及夫死二子尚幼貧不能舉火有求婚者夫兄欲許之堅勿聽織作往往達旦所居在鹿胎山下相傳其地多怪一夕俞方扃戶績聞哭

聲漸近俄一手掌穿窗入狀如羽扇俞正色叱之掣掌去聲亦漸息自是怪遂絕

孫日恭妻吳氏順治辛卯寇掠郡落殺其夫氏扶耄舅姑逾嶺避而購骸骨歸葬未幾舅姑死氏年才二十餘繼伯氏子茹荼集蓼撫之成立及病亟父仲舉往視哭甚哀氏曰夫亡之日兒郎應死徒以舅姑在堂母亡父老苟全性命所惜者不得侍父終年耳他復何憾尋卒

沈祖述妻陳氏年十五遺腹生守賜家貧苦節鞠養之守賜死媳吳氏與姑同守繼一子亦娶於吳未幾又死吳復守志三世並以節鳴

錢嘉紹妻俞氏夫卒父母欲奪其志氏遽投繯救止之推髻操作達旦治女紅食拇二指抵鍼鐵者幾平其半子光諸生氏早歲持齋迨老而病光以甘脆進氏卻曰吾與汝父永訣時已矢之矣光傷母志亦茹素終身前志郡志誤作紹嘉喻氏

張啟㚖妻魏氏年三十三夫死子丕培孱弱多病入門並徒自苦爲氏厲聲曰所以不即死者欲爲張氏存一綫耳無以不入耳之言來相勸

勉卒年八十四

商奕瑜聘妻劉氏未婚而奕瑜死女泣告父母願歸守志習之不能乃從其請貞女內衣縞素外覆吉服往拜姑畢即髽髻易衣躬視含殮哭盡哀嗣是修婦道惟謹至夫弟授室始白姑省母蓋貞女幼涉詩書故動輒中禮云

鄭金妻宋氏　喻通妻王氏並青年秉節

裘可禋妻張氏年二十四夫故子璉方五齡艱苦教育得成諸生督學使者姜楠表其廬曰節孝維風

裘曰彥妻張氏子廷器

裘廷器妻王氏　裘繼閔妻周氏子允登

諸生裘允登妻應氏皆姑媳守志按院表之歲給粟帛

諸生金玉殿妻邢氏年十九夫故無嗣以節著

沈維賢妻任氏年十九適沈三月而寡遺腹生男家日貧落氏紡績撫育苦節三十年

朱鼎聖妻趙氏年十九夫故遺孕生子殤茹苦自守賴女紅度日在孤寡中爲最苦者

俞廣生妻黃氏年二十八夫故遺子五美矢志撫育

俞五美妻張氏婚未期夫死無嗣姑媳苦守稱雙節焉

錢雲集妻邢氏年二十一遺腹生子誓不他適奉姑必以甘旨自食粃糠勿令姑知姑病刲股肉代藥竟得起有司表曰貞孝七十餘卒

錢子文妻吳氏青年守志

過廷用妻奚氏

過廷舉妻王氏皆青年撫孤守節稱一門二貞

裘三策妻史氏

裘尚友妻應氏竝守苦節

諸生裘素妻吳氏年二十四寡上奉舅姑下撫二月孤矢志不他以節孝聞卒年七十一

張茂略妻駱氏茂略自山陰徙嵊早卒內無宗黨外無戚屬氏植節撫孤辛勤操作歷四

十四年漸至饒裕今雅堂

張姓蕃衍皆氏所開也　史原壽妻陳氏青年守志子宗實宗範以孝稱　周家禎妻邢氏家禎病瘵氏白父母請往視疾晝夜扶持者一年而家禎死氏視殮哭泣盡哀舅姑奪之不得乃聽守志後伯叔以爭繼訟誣以氏中冓語氏拔刀自刎流血被體救之得不死終以節著邑諸生周光被贈詩有慷慨人爭重從容義更高句

許如朝妻葉氏年二十四子夢龍生數月父母欲奪之氏堅守苦節撫子成立年八十卒　周楞妻高氏年十九楞亡孤未晬也父憐之諷使他適便引刀自裁自是不復見遇家徒四壁旋燬於火氏鞠孤成立處之怡然年七十餘卒

尹紹信妻魏氏年二十　尹志本妻張氏年二十七

尹志尙妻韓氏年二十一皆守節享壽考

胡茂義妻周氏青年秉節　諸生袁祖興妻張氏早寡遺二

子皆夭繼一子又夭氏煢煢孑立上事舅姑以節孝著年七十餘卒

周鳳岡妻邢氏

拔貢周運昌妻錢氏

周資生妻樓氏青年矢志三世守節

史佳元妻邢氏夫亡矢志事姑至孝姑疾刲股以進

喻恭豫妻陶氏會稽人幽閒貞靜有大家風年二十一寡守節五十三年

張輝和妻商氏年二十夫亡遺腹生一子以節著

周應鵬妻張氏年二十一生子未百日而寡守之至老而子復死宗黨惜之

錢熊妻邢氏

錢司治妻過氏

錢士高妻宋氏三世俱以節著

諸生周履吉妻尹氏早寡挈三歲孤廷栻依父家課讀得成諸生

周廷栻妻張氏早寡焚香禱天求得吉壤以竟廷栻之志人皆賢之

周人璇妻邢氏年二十六寡守節終身

周之行妻錢氏早寡家徒壁立織紝外畜雞豚自給尤節中之至苦者

諸生朱霍妻裘氏霍亡無嗣氏年二十五厲志荼苦守節五十餘年

諸生相扆妻裘氏年二十五寡守志終身

周增慧妻宋氏年二十五夫亡數年子死又數年屋燬窮苦益甚而守志益堅

趙范如妻王氏早寡遺腹生子瑞穀七歲纔離襁褓及授室而氏病請醫勿許曰吾今可見汝父於地下矣奄然而逝

杜元德妻任氏事姑至孝夫亡苦志撫藐孤至長爲之娶婦生二子子婦並死撫孫成立

丁從啓妻周氏早寡遺孕生子炳守志四十三年炳將遵恩詔請旌氏曰吾敢以是邀名哉惟汝克繼書香吾願足矣其立心如此

孫嘉榮妻鄭氏

孫嘉尚妻孟氏

孫嘉素妻潘氏食貧撫孤如出一轍吳含之妻趙氏早寡子甫五歲旣無周親復多外侮治內及外井井有條究能植孤保產錢葉蓉妻周氏年二十四夫亡嚙臂誓靡他殫力奉姑並以孝聞汪深仲妻鄭氏年二十六寡子宗琦方七歲舅姑年耄氏紡績供衣食服輒課子讀書嫻禮則生平未嘗有疾言遽色云

童大宗妻葉氏上虞人甫廟見大宗病不半年死氏撫姪爲子久之自知死期沐浴更衣偏會宗黨欠伸而逝殮畢遠近咸聞異香諸生鄭繼良妻陳氏名天淑幼刲股療親歸鄭舅邁而病氏躬浣諸擨褻未嘗假手他人夫病復刲股及亡苦節自持子彥舉雍正癸卯鄉試人謂兼母教多也丁允敬妻張氏夫亡無子以節孝著

裘纁妻胡氏年十八嫁逾月而寡宋士獻妻尹氏士獻貧且病氏自計調治不效死之日擬以身殉夫兄士選囑妻章密護之或諷改適輒唾罵去士選嘉其志爲給衣食並以

子顯章爲之後

盧宜彬妻吳氏事姑至孝守節四十六年

吳應皓妻姚氏早寡教子麟昌慈嚴並濟晚年多病麟昌衣不解帶者三年居喪盡禮爲諸生有文名

周廷元妻金氏夫亡遺二子以節著

裘之豹妻張氏年十九寡苦節撫孤

王學舜妻吳氏年二十二寡以節著

張玉振妻李氏姑疾封股以療年二十四夫亡守節三十三年

張在中妻李氏年二十五寡無子守節五十九年

俞國定妻葉氏年二十六夫死無子撫姪爲嗣守節四十九年

單國安妻竺氏年二十二寡守節三十七年居晦溪

張垣妻黃氏年二十一夫亡無子厲志撫姪卒年五十八

鄭文政妻王氏嫁兩月夫亡守節四

十三年

鄭光裕文政繼子妻蕭氏早寡守節四十五年

錢師雍妻張氏年二十一寡撫姪爲子守節四十九年

徐雲昇妻竹氏年二十三寡事舅姑孝久之繼再從姪爲嗣

鄭天璋妻章氏嫁二年寡無可後者氏矢志不二久之始得繼子府志作會稽人

崔貽燕妻錢氏年十九寡事翁姑孝繼姪承祀守節三十一年

趙元宰妻高氏年二十五寡以節終

宋敦禮妻葉氏夫亡守節四十八年

周續仁妻竜氏年十九生子梅甫一月續仁客遊歿於旅邸氏矢志守貞姑生死倚爲督梅於學爲名諸生後梅死婦志爲父所奪又鞠童孫至於成立而其節亦苦矣

陳蘭九妻錢氏年二十五寡遺孤甫過家貧伯氏欲奪其志氏大慟曰甯死不爲狗彘行引刀自斷其髮籍女紅撫子成立

張本妻俞氏年二十五寡守節三十七年

姚靜彰妻王氏夫死守節三十八年　朱佩祖妻王氏夫亡守節四十一年

錢克化妻呂氏　鄭士圓妻周氏俱以節著

史兆融妻杜氏年二十九寡姑早逝撫幼叔嫁小姑勗三子成立慈嚴兼至內外肅然

史在倫妻薛氏年二十八　裘慶邦妻宋氏年二十八

唐德陞妻王氏年二十七　馬達儀妻張氏年二十九

汪本澄妻童氏年三十　張溪妻馬氏年二十四俱以節著

諸生裘健妻張氏年三十一夫死守志足不踰戶外事邁翁克循婦道勗家政靡不周至繼姪怡蕚為嗣撫之如己出　監生裘怡蕚妻張氏矢志撫孤

周醖暉妻張氏年二十九寡繼姪承祀

秦忠顥妻喻氏年三十夫亡守節　秦大芝妻邵氏年二十寡據府志

補遺

貢生裘鏡萬妻酈氏年二十一夫死嚙指自誓繼子承祧　周隆宇妻單氏夫亡無子繼子承祧

王國茂妻周氏年二十八寡繼姪爲嗣

鄭德遠妻汪氏善事舅姑夫卒遺孕僅三月但嫗多勸之醮者氏輒拒之

吳維垣妻沈氏年二十五寡事親撫孤以節孝著

周時行妻林氏年二十二寡守節四十三年

裘一元妻黄氏年三十寡守節十八年卒

王宗仁妻袁氏年二十九寡事親撫孤守節三十一年

諸生沈芬繼妻馬氏年三十　沈莪山妻李氏年二十八

沈升際妻喻氏年二十四並事姑撫孤以節孝終

裘克敬妻張氏夫亡守節二十八年　裘學化妻朱氏夫亡守節三十一年

丁燧妻周氏夫亡守節三十三年　陳彥捷妻閻氏年二十六夫死守節

裘慶泰妻張氏年二十七寡守節二十九年

章應梁妻董氏年十八應梁於順治五年勦賊陣亡立誓守志撫養四子成立卒年七十六　周成英妻裘氏年二十七夫死守志

張錫照妻崔氏年二十八夫死繼姪爲嗣守節二十五年

鄭元震妻趙氏年十九寡卒年六十六

宋仁瑛妻裘氏年二十八寡事親撫孤卒年七十有二

陳彥斌妻景氏夫死守節五十年　錢宏源妻王氏年二十二寡繼姑病

刲股以進尋愈撫三月孤成立孫曾繞膝卒年七十五

俞友皋妻王氏夫病刲股不效年二十九寡遺孕生男教養有方後其子心超補弟子員喜日能繼父志吾願慰矣守節四十餘年

鄭學英妻呂氏年二十九寡以節終

姚則錦妻葛氏年二十九寡守節四十一年

宋一昌妻方氏年二十四寡以節終

王景臣妻姚氏夫亡守節六十三年

袁道繡妻王氏年二十八寡以節終

任光倘妻裘氏

王思旦妻房氏皆以節著

張基妻袁氏年三十寡事姑撫子孝慈兼盡子聯奎弱冠食餼皆母教也守節四十八年卒

張源虬妻袁氏年二十三寡事親撫孤克勤克儉家業賴以不墜

錢貽齊妻張氏年二十三寡撫孤成立

金宗信妻裘氏年二十六寡以節終

邢孫鈞妻馬氏年二十五寡以節終　呂效德妻俞氏家貧勤女紅事親撫孤以節終　周貴顯妻錢氏年二十四寡以節終

裘忠諫妻張氏年二十九寡以節終　監生裘惠繼妻張氏年二十四嫁五月而寡悽然曰上有邁姑誰爲奉之下有二孤誰爲撫之於是節哀承字婦道母儀兩無所忝卒年八十五　錢嘉會妻黃氏年二十五夫死守節卒年七十四　趙文綱妻錢氏年三十寡事親撫孤享年八十子孫相繼出仕不敢暇逸猶以婦道自勵　諸生王之瀚妻張氏年二十一夫亡守節三十八年　黃應仁妻俞氏

鄭浩妻陳氏　錢源妻呂氏

黃廷翰妻王氏　陳賢妻俞氏並以節著

諸生喻思位妻胡氏年二十五夫亡輒撫孤子天繼姪安辛爲嗣卒年七十嘉靖時
邑侯以貞節表之據喻氏譜補入
喻恭愼妻宋氏撫孤成立卒年七十
餘崇禎時旌據喻氏譜補入
張忠亮妻金氏半塘八卒年五十三
乾隆時旌補入
黃通理妻趙氏並以節著
沈忠發妻張氏年二十十三寡
王元烽妻朱氏年二十寡卒年七十五
王楠妻鄭氏年二十寡守節至八十四卒
王有功妻李氏年二十五寡守節至七十二卒
李期稷妻儲氏年二十五寡
監生錢選妻宋氏年二十三夫亡矢志卒年八十三
張家能妻錢氏年二十七寡卒年五十八

張家賓妻王氏並以節著　錢勳芹妻張氏四十一都長樂人年二十九夫卒事尊章養祭無違君姑君舅奠嘉桒以攄忱輯冢稚雍和有禮兒公女公騰賢聲而交口計守節五十年

俞心洄妻張氏

沈允科妻宋氏俱以節著

張聲榮妻邑氏年二十七寡守節四十五年

張家仁妻錢氏年二十六寡守節四十年

葉克健妻周氏年二十五夫亡守志

吳孟照妻魯氏年二十八寡

諸肇楷妻祁氏年二十九寡

余炳恆妻李氏年二十七寡以上三名據乾隆時府志補遺

王永茂妻張氏年二十生子未週永茂亡家貧甚伯氏欲奪其志氏誓死不從族人命玘與堂姪秀春見而憐之資其衣食後命玘秀春亡氏服齊衰三年以報其德迨老子孫又相繼逝煢煢一

身卒年八十餘

錢士國妻周氏年二十二

諸生裘茂林妻金氏年二十五俱以節著

裘貽達妻張氏年二十五寡無子矢志自勵以遺產爲祭產

諸生裘廷國妻馬氏年二十四寡以壽終

裘樹栢妻馬氏年二十八寡守節四十三年

裘昭學妻闕氏年二十八寡守節四十七年

徐孝則妻尹氏年二十八寡

徐悌忠妻俞氏年二十二寡卒年五十八

陳子雲妻宋氏年二十八寡撫孤成立卒年九十六

徐鳴鸞妻孫氏年二十九夫死

王方珽妻竑氏年二十七夫死撫孤守節五十年

求明備妻張氏年二十三寡卒年六十七

姚啓占妻葉氏年二十四寡守節三十八年

張大倫妻王氏年二十八夫死守節

裘宜章妻黃氏年二十七夫死守志卒年七十四

裘宣禮妻任氏年二十八寡

裘秉桂宣禮子妻馬氏年二十一寡人稱雙節

裘定國妻馬氏年二十一夫死守志

俞成美妻陳氏年三十三寡以節終

任啟廣妻童氏年三十一守節學憲朱給貞範垂型額表之

諸生裘與共妻徐氏年二十八矢志撫孤

監生商哲妻呂氏年三十二夫亡矢志撫孤成立

裘舫佳妻相氏年三十四寡艱苦備嘗卒以節著

裘祊繡妻俞氏年二十六夫死守志繼姪爲嗣

周登瑯妻錢氏年十九夫死守節

吕慶雄妻馬氏年二十四寡

監生馬祚柏繼妻王氏年四十夫亡守志歿年七十八

馬從龍妻俞氏年二十夫死守節

張允煥妻錢氏年三十一寡撫姪爲嗣

諸生周欽哉妻唐氏年三十夫死守節

俞郎昇妻陳氏年十八夫死守志

俞學樑妻童氏年三十三寡以節著

俞成學妻任氏年二十八寡生二女無子繼姪爲嗣並建專祠祔祭始祖助田三十餘畝爲春秋祀事計允稱節孝兩全

丁世昌妻潛氏年二十三夫死守志

裘兆鵬妻王氏年三十夫亡守節

裘慶貴妻馬氏年二十一寡以節終

裘茂宗妻黄氏年二十一夫亡撫遺

腹子事舅姑以孝著

任成文妻陸氏年二十八夫亡家貧善事舅姑撫過歲孤成立

俞其達妻張氏年二十七寡

張煥位妻胡氏年二十八寡

王樂乾妻羅氏年二十四寡

求增福聘妻童氏年二十一未婚而寡過門守志

錢紹域妻俞氏年二十三寡慷慨好施守節三十八年

范勤功妻倪氏年二十九寡

張聲沛妻范氏年二十六寡

俞民進妻費氏年二十九寡

裘青雲妻戴氏年二十七寡撫三月孤

張漢源妻裘氏年二十六寡

王鑒炳妻葛氏年二十七夫亡僅遺二女欲以死殉舅姑曰吾遺矣所恃惟爾於是節哀事舅姑以孝卒年七十六

王鑒煥妻竺氏年二十七寡守節至

六十五卒

馬素瑞妻張氏年二十四夫亡守志

諸生俞翰昭妻周氏年三十寡

徐泉淇妻許氏年二十一夫故兄弟欲奪其志氏正言斥之姑患瘋疾在牀褥者五年事之惟謹疾革謂曰汝能守志以盡孝吾目瞑矣

童美玉妻龔氏年二十六撫孤守節

黃國桂妻張氏穀來八年三十八夫死守志

黃定藩妻馬氏穀來八年三十八夫死守志

高宏鉅妻趙氏年三十一寡

馬其組妻單氏年二十九夫亡守節

張浒源妻孫氏年三十夫死守志

監生俞克靜妻張氏二十六寡

閻乖開妻黃氏年二十三寡卒年五十九

邢安瓚妻錢氏年二十九寡

徐有廷妻周氏年三十三寡

錢登廷妻商氏年二十夫亡守節

馬慶濤妻張氏年三十六寡
監生鄭豐元妻杜氏年三十寡
魏馭貴妻熊氏年三十一寡
黃煥知妻張氏年二十七守節翁正中性嚴重氏承順奉養撫十月遺孤離照列名黌序年終七十有五
諸生張光耀妻盧氏年三十寡卒年五十七
裘怡聲妻黃氏年二十六寡事親撫孤鄉黨欽其節孝
裘怡然妻張氏年二十九寡上事下撫孝養備至
監生裘宗武妻張氏年二十七寡卒年五十三
裘承信妻任氏年二十三寡
監生裘鳳池妻應氏年二十八夫亡矢志繼姪爲嗣
裘怡聖妻任氏年二十四夫亡矢志善事舅姑繼姪爲嗣
裘公俊妻吳氏年二十五寡守節四

十八年

張釗妻錢氏年三十一寡守節以終

諸生張楷妻宋氏年三十一寡守節至九十七卒

邢孫獻妻過氏年三十寡歿年六十六

袁文枚妻張氏年三十四寡　邢在侯妻錢氏年二十八夫死守志

監生孫振妻鄭氏年三十二寡　張道彬妻裘氏年二十五寡

李作錡妻宋氏年三十四夫死守節　監生史家肥妻裘氏年三十一夫亡家漸落氏植節守志以女紅度日事舅姑最謹嘉慶戊寅史姓議建宗祠氏以輸堂資倂紡績餘錢共捐叁百金以成其事戚黨稱孝敬焉

馬子賢妻周氏年二十八寡

王森秀妻金氏年三十三苦節撫孤　吳啟龍妻孫氏年十九寡

錢士繡妻黃氏年三十六寡享高年　錢樂聞妻王氏年三十三寡數世皆

以清節著丸五夜之熊一燈課讀卒俾有成至其孫而慶叶鹿鳴矣計守節四十年

周進昌妻邢氏年二十一寡以節終　沈宏顯妻張氏年二十九寡遺孤甫晬家甚貧藉針黹以佐薪水撫子成立卒年六十二　張元鼎妻李氏二十二寡繼姪爲嗣

應廷揚妻周氏年二十九寡　應麟彪妻范氏年二十八夫死守節

朱承晏妻李氏年二十四寡卒年七十餘

朱廷宰妻錢氏年二十五寡以節終　張顯國妻錢氏年三十夫亡矢志

俞心和妻呂氏年二十八寡　王興武妻胡氏年三十四寡

俞安科妻王氏年二十七夫死撫孤足不踰閾

俞安詩妻徐氏年二十二寡以節終　竹興芝妻陳氏年三十寡以節終

周大章妻竺氏年二十一寡以節終　竹遇慶妻魏氏年二十四夫亡守節

黃雲雯妻馬氏年二十七夫死守節　吳之灝妻呂氏年三十五寡以節終

童肇元妻袁氏年三十二夫亡矢志　徐泉澳妻黃氏年三十夫故守節

諸生裘頎妻宋氏年三十二夫亡堅貞自矢撫孤成立

吳之瀚妻王氏年三十寡守節以卒　魏昌裔妻馬氏年二十一寡以節終

魏和謙妻孫氏年三十六夫亡矢志　魏培中妻王氏年二十六寡以節終

裘天模妻馬氏年二十七夫亡家貧事親撫孤能盡其禮

諸生唐佐妻單氏年三十三寡以節自誓

潘芳蘭妻黃氏三十寡現年六十八　鄭采薇妻徐氏年三十六守節撫孤

錢樂聯妻周氏年二十三寡以節終　沈洪濟妻史氏年二十五寡卒年七十八

徐望臣妻任氏年二十七守節撫孤

姚俊趣妻王氏年三十五寡享年八十餘

王國治妻秦氏年二十九寡

監生陳浹中繼妻鄭氏年三十一寡卒年六十二

史瑞友妻錢氏年三十五寡遺腹生一子撫以成立支應門戶劬躬蕭後計守節三十五年

徐大興妻王氏年三十一寡以節終

俞安望妻陳氏年二十九夫亡守節

監生丁楷妻龔氏年三十二寡卒年六十七

劉志遠妻盧氏夫亡守節三十餘年

鄭憲魁妻魏氏年十九寡守節二十餘年

錢和登妻過氏二十六寡守節撫孤

薛見龍妻張氏年二十七寡守節五十二年

竹盛秀妻王氏年二十九寡守節三十餘年

劉能貴妻邢氏

劉順茂妻邢氏

諸生裘怡顏妻徐氏年二十九寡孝事邁姑教養二子

裘樹傑妻金氏年二十六寡無子繼姪爲嗣卒年八十二

周明聰妻尹氏年二十四寡卒年七十七

尹大受妻袁氏

王功溢妻宋氏年二十四寡

王皆宇妻趙氏年二十六夫死守志

陳昌謹妻裘氏年二十四夫亡遺孕生子矢志撫養卒年五十八

王有化妻董氏年二十二寡撫三日遺孤以至成立且樂於義舉造橋二不下六七百金

薛爾俊妻陳氏年二十六寡

薛贊育妻張氏年二十七寡

諸生袁時檢繼妻史氏年二十六夫死矢志

錢士徹妻張氏夫死守志四十五年

諸生裘天爵妻馬氏年二十七寡守節五十一年

朱承艮妻馬氏年二十七寡

朱高孟妻馬氏年十八夫亡守節

諸生周烈妻黃氏年二十三寡無子繼姪爲嗣以節著

張錫銓妻俞氏年二十七寡守節三十三年

張洪源妻裘氏年二十六夫死撫孤

馬紹府妻劉氏年三十寡卒年八十二

張益進妻尹氏年二十二寡孝事邁姑慈撫猶子

趙立正妻王氏年十九寡卒年六十八

張大南妻裘氏年二十二寡

徐有朝妻胡氏年三十三寡卒年七十

吳金殿妻任氏年三十五夫亡矢志

鄭采增妻婁氏年三十寡享年六十

餘

張孔培妻鄭氏年二十四夫亡守志

貢生沈鶴林妾王氏年三十二寡守節十五年以上道光八年憲獎

應朝昌妻邢氏

張紹袞妻求氏

張元入妻徐氏

張以璘妻支氏並以節著

應國昌妻邢氏姑病刲股以節孝著

尹志祥妻沈氏年二十寡紡績撫孤

唐成電妻楊氏守節二十七年卒

諸生呂廷遇妻錢氏嫻禮則年二十七寡課子讀書事繼姑以孝子兩得其道

袁入則妻王氏年二十三寡事姑撫

鄭京入妻費氏早寡家甚貧親孤再醮氏堅不可撫三歲孤成立卒年九十

呂光曦妻錢氏與側室陳俱以節著

黃正禮妻相氏二十四寡撫孤成立

諸生裘中元妻呂氏年三十寡

守節三十五年死撫遺孕子成立卒年七十有九

沈淼妻陳氏年三十而寡撫前室子如己出享年六十四

鄭岱妻沈氏年三十七

姑並以節著死撫孤卒年六十二節四十六年

張允芳妻錢氏年二十六寡無子繼姪爲嗣事舅姑以孝

邢常備妻商氏年廿三寡撫孤成立

諸生張師載妻孫氏年三十夫

諸生陳嘉言妻吳氏年三十寡

裘志冕妻屠氏年三十五夫死守志

鄭宏綸岱子妻馬氏年二十七寡與

監生邢協恕妻錢氏年三十夫

沈尙濬妻鄭氏年二十四寡無子守

邢齊銑妻周氏年廿四寡繼姪爲嗣

錢緣會妻陳氏年二十八寡撫子龍

山卒年六十七子廷標

錢龍山妻陳氏 年二十五寡撫遺孕

呂福宸妻錢氏 年三十夫亡守節

呂元道妻鄭氏 年二十八夫亡矢志

馬有浩妻王氏 夫死守節四十年

錢傳美妻周氏 二十九伶仃孤苦厥志不移撫猶子如已出守節三十餘年

周朝魁妻裘氏 二十九守節廿餘年

張錦歸妻過氏 年十七夫亡撫子守節四十年

陳兆斌妻張氏 年二十四夫亡事親撫孤守節三十年

宋家洽妻丁氏 年三十寡撫孤成立辛苦備嘗

陳宏妻求氏 年二十夫亡撫遺孤守節三十餘年

徐肇修妻宋氏 年二十六守節撫孤

張錦悌妻俞氏 年二十寡守節二十餘年

王武遷妻沈氏年二十五夫亡撫未週孤成立守節五十年

沈廷藩妻袁氏年二十四事親撫孤

張遠定妻俞氏年二十二寡家甚貧藉女工以撫孤

李鳳鳴妻陳氏年二十七寡無子敬事舅姑守節三十餘年

諸生高心達妻李氏年二十九寡家貧藉女工以撫孤

汪承紋妻秦氏年二十六

汪承禮妻葛氏年二十九俱以節著

馬祚脩妻鍾氏年二十三寡無遺腹孤守節三十餘年

應鎰瑾妻沈氏年二十八寡敬事舅姑繼姪為嗣守節四十年

儒士樓大和妻任氏年二十一寡事尊章撫藐孤以孝慈聞遠邇為未亡人者咸奉之以為法焉邑令李景韓張惟孝遞旌其閭張又題其坊聯云四年曲奏孤鸞早一子絲抽獨繭長千秋特操歸彤史一片貞心到白頭人俱以為無愧焉卒

年七十九子孫繁衍爲一鄉冠咸豐六年入祀節孝祠

戴學智妻張氏年三十寡

錢繼隆妻張氏年二十九寡

黄魁培妻沈氏年二十六並以節著

尹嘉炳妻王氏年二十四寡守節四十餘年

史節歡妻黄氏年三十寡孝事病姑

鄭士琇妻周氏年二十八寡守節二十餘年

葉國耀妻馬氏二十一寡孝親撫孤

張增鳳妻葉氏年三十寡

黄正炎妻史氏年二十九寡

尹大愷妻金氏三十寡守節卅餘年

王佐妻史氏年二十九夫死守節

監生趙師仲妻盧氏年二十八寡撫子成立子死復撫孤孫享年七十五

袁章裁妻周氏年二十九寡事親撫孤守節四十餘年

金紹魁妻呂氏年二十二夫死矢志

沈欽治妻任氏　年二十二寡無子繼姪爲嗣卒年六十七

李家琮繼妻屠氏　年二十三夫亡守節撫前室子如己出

監生朱家脩妻周氏　年三十四寡遺二子教養兼至守節四十六年

童承堯妻趙氏　年二十八寡家貧撫三子成立守節四十六年

周吉相繼妻汪氏　年二十四夫亡撫孤守節三十年

董殿元妻張氏　年二十七寡守節三十餘年殿元字宇平諸生居東土鄉芝塢莊子復晟

鄭祖本妻魏氏　年二十八寡

鄭紹祥妻王氏　年三十並以節著

鄭紹年妻唐氏　年二十八寡

監生高天權妻王氏　年三十二寡守節三十餘年

張朝聘妻余氏　年二十九寡以鍼黹自給守節三十餘年

陳復旦妻顧氏　年二十六寡家貧矢

志撫孤

趙允恩妻王氏性至孝幼能事親十七于歸事舅姑如父母夫病十餘年事之惟謹及卒以舅姑年邁子未成立不得不留身以待其舅痛子之亡也病彌甚氏禱于天刲股以進病遂瘳守節四十六年

汪曰伾妻韓氏二十四寡鞠子大祥

汪大祥妻王氏年二十寡與姑並以節著

丁士德妻張氏年二十八寡無子繼姪為嗣持家辛勤家漸裕置田以祀先祖復念母家無後置田數畝供祭守節四十餘年

袁德濂妻趙氏年二十八夫亡無子繼姪為嗣守節三十餘年

崔承錦妻吳氏年二十七寡守節四十餘年

陳坰智妻鄭氏年二十九寡紡織撫孤

沈崔山妻黃氏年二十九寡守節四十年

袁尚佳妻俞氏年二十九寡事親撫孤辛苦備嘗

馬祚波妻張氏年二十九寡藉女工撫遺孤

趙梓材妻陳氏年二十九寡守節二十餘年

裘世源妻劉氏年三十寡撫子成立子死復撫二孫

裘體備妻王氏年二十九寡事姑撫孤

諸生裘鎰妻錢氏年二十六寡撫遺腹子以教以養俾得成立

裘懋熙妻金氏年二十八寡家貧如洗以節自勵

黃正高妻周氏年二十七寡食貧撫孤

黃錦槐妻安氏年二十五寡以節著

監生駱望義妻邵氏青年秉節

諸生宋聯元妻劉氏年二十七寡撫前室子如己出事病姑十餘年毫無懈志

沈明佩妻裘氏年二十六寡無子繼姪爲嗣守節二十餘年

徐立禮妻任氏年二十四寡無子繼姪爲嗣事病姑十餘年無倦容守節六十餘年卒

黃錦崑妻王氏年二十三寡守節三十餘年

高心地妻汪氏年二十六寡事親撫孤守節三十餘年

張煥信妻尹氏年二十二寡撫遺腹子成立守節二十餘年

呂思傑妻袁氏三十寡享年六十五

貢生秦涵妻張氏年二十八寡守節至八十二卒

監生秦煥妻喻氏年二十三寡孝事遺姑繼姪爲嗣守節四十餘年

俞國偉妻商氏年二十六寡以節終

陳行炎妻周氏年二十六寡撫子忠禮至十六歲而夭氏自縊死鄉黨悲之

監生王元璐妻薛氏年二十九寡

丁正和妻崔氏年二十八寡嫺書史

明大義冰蘗矢志張奎元妻盧氏年二十七寡守節三
著有如松軒詩艸
十餘王光德妻趙氏年二十五夫死無嗣
年
繼姪爲子守張深明妻夏氏年二十
節五十八年六寡
張深昆妻魏氏年二十五呂福貞妻周氏夫病八年
並以節著事之惟謹
及卒氏年二十九上事下過芝雲妻錢氏二十一寡
撫兩盡其道年六十六卒守節撫孤
俞寬煜妻張氏年二十六寡守
節三十餘年
周慶明妻宋氏二十七寡俞發明妻趙氏年二十一
事親撫孤寡事親撫
孤守節三薛體格妻朱氏三十六寡
十餘年矢志撫孤
薛鳳飛妻袁氏三十五寡俞紹富妻張氏年三十寡
撫孤守節家貧子夭
苦節二袁在榮妻史氏二十四寡
十餘年撫孤守節

趙瑄妻童氏年二十八寡守節卅餘年
以養以教俾得入
庠享年七十餘
紡績撫孤艱辛萬
狀歷五十八年卒
謝鉅泰妻宋氏二十八寡守節撫孤
馬有龍妻張氏夫亡撫三歲孤成立
張天瑞妻馬氏年二十八寡以節著
尹嘉會聘妻張氏未婚夫繼姪爲
陳配高妻馬氏年三十夫亡矢志
歸時夫病已篤旋歿哀
號欲絕守節二十年卒
撫遺孕子成立
人稱一門三節

尹慶璐妻盧氏年二十二寡子週歲
章兆麟妻孫氏年二十六夫亡家貧
丁光采妻袁氏夫亡撫未週孤成立
盧明德妻李氏二十七寡紡織撫孤
裘朝秀妻宓氏年二十八守節撫孤
尹志節妻任氏年三十一夫亡守節
亡過門守志
嗣以節終
陳配明弟配高妻張氏年十七于
陳瀛洲子配高妻陸氏年十九寡
馬有烜妻袁氏年二十四守節撫子

子天復鞠童孫

馬仲甫妻史氏年二十七

馬祚恂妻魯氏年二十六

馬德興妻錢氏年三十一俱以節著

陳德彰妻葉氏年二十五寡守節二十九年

張復振妻章氏年二十九夫亡矢志

張步洲妻裴氏封股療母年二十六夫亡以節自勵

張國彥妻韓氏年三十四夫亡守志

應學潮妻錢氏年二十六守節撫孤

袁文元妻陳氏年十九寡撫子章麟

袁章麟妻陳氏早寡與姑以節著

厲邦效妻陳氏年二十七寡撫六月孤敬事舅姑守節六十三年

黃雲洪妻求氏二十二寡撫遺腹孤

相君澄妻張氏年二十六寡家貧孝舅姑撫過歲孤守節二十餘年

盧聲振妻馬氏年二十四寡守節四十年

盧聲範妻喻氏年十九寡守節三十一年

王興通妻張氏年二十九寡撫孤成立守節三十餘年

錢芬揚妻袁氏年三十寡奉邁姑慈以旨甘誨猶子似以式穀計守節五十三年

錢上濤妻邢氏年二十四寡守節二十三年卒

錢河洲妻張氏年二十三寡家貧事親撫孤守節三十三年

錢望猷妻史氏年十九寡守節五十餘年長齋供佛飯蔬終身女孫字呂氏以貞孝建坊曾孫女髫齡刲股療繼母現亦旌貞孝

鄭嘉賢妻杜氏年二十五寡守節五十年

駱順遷女八姑字邵維育子爲室未婚守志至六十餘歲卒

馬紹岳聘妻袁氏未婚夫亡過門守節繼子英奇居下馬莊

邢在琴妻錢氏年二十六寡家貧撫

子娶媳後子亡媳他適復撫其孫亨年七十二

錢繼泮妻周氏年二十二寡無子舅姑老勤女紅養生送死竭蹷忘勞守節五十五年

陳凝過妻趙氏年二十三夫因父病延醫墮水死氏能繼夫之志孝事翁姑撫養四男三女鄉黨稱之享年七十七

陳凝道妻袁氏年三十三寡卒年六十三

張允傑妻商氏年三十三夫故家貧紡績撫孤已娶媳生孫矣而子媳與孫又相繼夭逝熒熒一身孑焉無依以苦節終

李念卿妻黃氏年二十四寡事舅姑以孝撫子繼嗣承祧

張開元妻王氏早寡守節五十四年

張開助妻高氏年三十寡事王姑與姑能盡其禮享年六十九

監生馬金屏妻錢氏年二十六寡事舅姑孝撫前子如己出

張起林妻錢氏年二十一寡家貧無子繼姪爲嗣守節三十五年

張起喆弟起林妻宋氏年二十二寡無子繼姪家松爲嗣

張家松妻劉氏生二子寡年二十八哀戚之餘乃自斷曰姑繼吾夫以爲養也吾不難從亡人于地下如老幼何于是支持門戸艱辛萬狀無何二子又殤兩世孀嫠相依爲命其苦有不堪言者

張家賓繼妻應氏年二十一寡無子繼姪爲嗣卒年七十九

張聲東妻史氏二十八寡事親撫孤

鄭福元妻杜氏年三十寡繼姪爲嗣

王希周女懋學以母早亡四弟三妹幼而無恃矢志不嫁爲弟妹婚配年七十餘卒

竺元吉妻劉氏夫亡守節四十五年繼姪爲嗣卒年七十五

李學德妻袁氏年二十五夫亡無子

錢承倫妻邢氏年二十九寡上事衰親下撫弱子

丁子靖妻夏氏年三十四寡守節二十餘年

諸生錢芳荃妻張氏勤鬻子之

閔斯慰艮入於地下母以兼師恃而如怙

錢芳茹妻張氏荃茹同溺死二氏年並二十七守節一現年七十八一七十四而卒

金嘉種妻王氏年二十二寡家貧撫孤現年七十三

陳發貴妻董氏年三十寡家貧撫孤

童世興妻楊氏年二十七寡無子繼姪爲嗣姑耄而瞽事之惟謹捐田供祭捐屋作宗祠

鄺智葵妻王氏年二十一歸甫八月而寡撫遺腹子成立

張家暹妻錢氏年二十七夫死守節

張家通妻邢氏夫死守節二十六年

鄭一楷妻錢氏年二十一寡撫三月孤成立事邁姑以終年

沈方魁妻周氏二十六寡享年六十

王煒武妻潘氏年二十八寡無子繼姪爲嗣守節四十三年

閻立常妻沈氏年十八夫死守志

朱一郊妻張氏年二十六夫亡守節五十一年

陳銘妻王氏年二十六夫死守節

張深芹妻支氏年十八寡享年六十二

張誠基妻俞氏年二十七寡

張誠夢妻支氏年二十四寡

張誠麟妻丁氏年三十一寡

張誠松妻王氏年二十八寡

張源炯子誠松妻裘氏年二十六寡

張源煌妻李氏年二十九寡

張源輝妻王氏二十七寡俱以節著

張深忠妻葉氏年三十五夫死守節

張天璋妻樓氏年十九寡撫遺孕子永清

張永清妻黃氏年二十八寡撫遺孕子成立卒年八十五

董啟昆妻安氏年三十八夫死守節

江加孔妻裘氏年二十九夫死守節

黃啟炎妻張氏年三十寡撫子大珍卒年八十一

黄大珍妻史氏年三十三寡撫子光焯存年八十二

黄光焯妻張氏年三十五寡存年五十九

竺安邦妻俞氏年三十八夫亡矢志　邢孫貽妻錢氏年二十八寡

邢羣昌妻張氏年二十七寡　邢在卿妻錢氏年三十寡

邢羣歌妻周氏年三十二俱以節著　陳光被妻張氏

陳達先妻錢氏俱二十四寡以節著　黄兆登妻張氏年二十九夫亡守節

王奇章妻陳氏年二十四夫亡矢志　黄明相妻邢氏年二十三寡以節著

袁茂芬妻俞氏年二十八夫亡守節　沈宗文妻俞氏年二十寡守節三十四年　沈宗强妻馬氏二十五寡苦志自勵

陳世倓妻俞氏年三十一寡　陳世經妻唐氏年二十六俱以節著

陳奇盛妻宋氏夫死守節五十餘年陳永明奇盛孫妻王氏

陳文岱永明子妻尹氏陳茂材文岱子妻張氏四世節孝如出一轍

張開貴妻吳氏年二十五夫死守節

黃端表妻竺氏三十四寡事姑撫孤丁成才妻張氏年三十三寡以紡績事邁姑撫幼子卒年七十九

尹大堯妻喻氏年三十三寡享年六十三

傅祖炟妻鄭氏年二十七寡事親撫孤人無閒言

尹大鳳妻周氏年二十九寡以節著

諸生宋培基妻金氏年二十一夫死以節終

諸生張聞達妻范氏年三十二夫死守節

吳子禮妻陳氏年二十九夫亡紡績度日矢志堅貞

張聲斌妻孫氏年三十一夫亡守節　應德昭妻蔡氏年一十五夫亡守志

劉本榮妻邢氏年二十七夫亡守節　張起鐘妻李氏年二十九寡以節終

陳則先妻裘氏年二十四寡以節著　相耀春妻張氏年二十五寡

相耀嘉妻竺氏年二十七寡俱以節著

董家元妻張氏二十六寡矢志自守　周學悌妻樓氏年二十四以節自誓

鄺有富妻裘氏年二十七寡以節著　張武烈妻曹氏年二十七夫死守節

葉用楷妻劉氏年三十寡以節著　張盛行妻金氏二十二寡苦節撫孤

周孝廊妻鄭氏年二十二夫死守志　祝豎貴妻黄氏年二十三夫亡矢志

祝豎千妻俞氏年三十三夫亡與側室李氏年二十五撫遺孕子以清白自矢

張立英妻黄氏年二十七夫亡家貧遘姑又逝辛苦顛連撫孤成立娶媳生二孫而兒媳

乂相繼死復鞠遺孫老而愈苦卒年七十九　史義春妻徐氏年二十八夫亡矢志
事遵姑撫遺孤各盡其道　張聖備妻李氏年三十夫亡五子俱
幼清白自矢紡績撫養以成立　劉從彪妻尹氏年二十五寡事遵姑
以孝教繼子以義　龔子晨妻盧氏年二十七夫死守節
張道一妻陳氏年三十一夫亡守節　吳正欣妻李氏二十八寡事親撫孤
張生浩妻鄭氏二十三寡撫遺孕子　王士位妻趙氏年十九寡矢志撫孤
張本瑞妻姚氏年十九寡繼姪爲嗣　邢啟江妻鄭氏年二十七寡苦節堅
貞　高允標妻喻氏年三十寡紡績撫孤
張忠遠妻周氏年二十七寡以節終　張有祿妻陳氏年二十一寡撫遺孤
諸生馬鋼妻陳氏年二十九寡上事七旬祖姑下撫週歲遺子

馬其珍妻周氏年二十五寡卒年七十一

劉聖輝妻張氏年二十八寡以節著

沈廷元妻李氏年二十一寡紡績守志至死

任守仁妻吳氏年二十五寡教子成立

喻之震妻周氏年二十八夫死守志不變

何文俊妻張氏年二十七寡矢志堅貞

黃孔勷妻張氏年二十六寡以節著

監生黃仁榮妻張氏年二十三寡以節自誓

黃仁鈐妻張氏二十五寡節著志堅

夏愷提妻張氏年二十七夫亡守節

傅祖說妻張氏年二十九寡紡績自誓

諸生尹兆隆妾黃氏年三十三生子嘉誨未百日而寡事嫡撫孤勤勞備至

尹慶安妻張氏年三十二寡以節終

陳士相妻王氏家貧業腐年二十五寡遺二子辛苦萬狀俾得成立已授室生子乃相繼逝媳又一死一醮里諺云縣前陳寡婦一生磨豆腐撫子復撫孫愈老而愈苦其節亦概可見矣

張仁起妻金氏年三十寡撫子霞錦卒年七十二

張霞錦妻裘氏年三十寡事姑撫子勳無踰禮卒年五十三

趙緒棠妻許氏年二十九寡

趙緒潤妻王氏二十六寡以禮自守

馬守政妻黃氏年二十九寡卒年七十二

丁國相妻呂氏二十七寡事親撫孤

蔣進城妻金氏年二十一寡繼姪家盛爲嗣卒年七十一

蔣家盛妻王氏年二十九寡無子克繼姑志以姪爲嗣卒年六十三

張繼綱妻周氏年三十寡矢志撫孤

石成崐妻王氏年三十夫死撫孤

裘佩勝妻馬氏年二十一寡家貧苦

守至八十歲卒

沈宜槐妻徐氏年三十一夫亡守節

監生喻學望妻王氏年二十九寡守志撫孤

陳清侯妻李氏年二十八寡事親撫孤

金宗聖妻鄭氏年二十八寡事舅姑撫姪大鏞爲嗣以節孝著

諸生王大賓妻竺氏年二十九寡矢志撫孤

金朝君妻高氏年三十寡以節終

王才福妻黃氏年三十夫故守節

胡芝秀妻王氏年十九寡撫遺孤孤復夭謹事邁姑以節孝著

胡天培妻王氏二十六寡事姑以孝

胡天盛妻王氏年二十一寡父母欲奪其志氏誓死靡他卒年五十八

諸生金世豪妻袁氏年二十五夫亡撫孤

竺學禮妻王氏年三十一寡植節撫孤

王至剛妻姚氏年二十夫死撫孤孤夭繼姪爲嗣以節孝聞

俞存紀妻袁氏年二十寡繼姪爲嗣

王權玖妻馮氏年二十八寡孝事翁姑義訓子女

麻賢盛妻劉氏年二十八寡事舅姑撫幼子守節四十年

沈大豪妻胡氏年二十五夫死撫子守節五十九年

唐國二妻宓氏年二十二守節撫孤

王善述妻盧氏年十九夫亡守節

周燮臣妾王氏年三十四寡事嫡以禮撫嫡孫孫夭又撫其子

陳次英妻呂氏年二十一夫死守節

王懋忠妻樓氏二十八寡事親撫孤

費雲堯繼妻袁氏年三十二寡事姑撫子

劉國道妻厲氏年三十寡教子成立

斯仁通妻錢氏年二十六寡矢志撫孤

史節斌妻袁氏年二十七夫死守節　陳昌環妻張氏年二十一寡繼姪爲嗣

裴祥英妻樓氏年三十寡存年六十六

相光法妻葛氏年二十七寡卒年八十一

王元璧妻盧氏年三十寡存年六十一

沈一昌妻任氏年三十二寡事親撫孤存年六十四

沈廷璧妻姚氏年三十三夫亡植節　沈廷章妻王氏年三十夫死守節

諸生周建用妻尹氏年二十七夫亡矢志撫孤成立

監生周協用妻袁氏二十九寡　徐立紀妻裴氏年二十七寡以節著

竺正財妻高氏二十八寡事姑撫子　裴祥通妻錢氏年三十寡家貧藉女紅存活

魏咸春妻周氏年二十七寡存年五

竹裕青妻汪氏年二十八寡事親撫孤

袁章漢妻王氏年二十三寡存年六十四

馬國謨妻趙氏年二十八寡孝事舅姑存年五十九

王元璨妻高氏年二十九夫死守志

汪本仁妻袁氏年二十寡撫遺孤

吳錦運妻丁氏年二十七寡事姑教子以節孝著

宋天發妻黃氏年二十六夫死守志

宋天癸妻陳氏年三十六寡卒年七十二

高敬祿妻趙氏年二十五夫亡守志歷三十五年而卒

沈正儀妻俞氏年二十九夫亡矢志

楊友琴妻袁氏早寡守節四十八年

陳肇濱妻王氏年三十五寡守節三十餘年

汪立亨妻王氏年二十四寡守節二十六年

陳世泰妻吳氏年二十八夫死守節

鄭宜椿妻王氏年二十五寡守志撫孤

朱培達妻趙氏年二十三寡歷三十三年卒

姚自鈺妻儲氏年二十七夫死守節

馮霽三妻鍾氏年十九寡撫遺孕子成立卒年八十餘

吳才煥妻鄭氏年二十寡事親撫孤守節五十五年

王開英妻黃氏年三十二夫亡守志

徐開化妻王氏年二十七夫死事親撫孤存年六十四

任克大妻沈氏年二十八寡無子繼姪爲嗣紡織事舅姑以其餘資置田歸宗祠作祭產卒年八十九

汪生智妻徐氏年三十一

汪立賢子生智妻諸氏年二十七

汪本霖子立賢妻董氏年三十九俱以節著

夏廣榮妻黃氏年二十五夫死守志邢能江妻袁氏年二十四寡以節著

劉天美妻董氏年二十九寡事親撫孤守節三十八年

童其泰妻徐氏年二十四寡以節著張廉翰妻王氏年二十六夫死守節

趙國泰妻陳氏年三十二寡存年五十七

李道原妻石氏年三十三寡存年六十五

貢生俞睿庭繼妻謝氏年二十八夫死矢志

劉國珍妻過氏年三十一寡上事哀姑下撫弱息艱苦萬狀守節二十餘年

錢楫茂妻邢氏年二十八寡植節五十餘年僅一女以姪爲嗣

陳家棟妻張氏三十三寡存年六十王元璪妻高氏青年矢志以節孝著

袁鍾秀妻尹氏年二十五夫亡守節　袁繼海妻黄氏年二十五寡存年七十有二

王盛明妻鄭氏年二十三夫亡守志

王文錦妻裘氏二十一寡八十一歿　王聰惠妻魯氏嫁未及週夫亡撫姪

諸生茹敔相妾張氏年十九守節撫孤

王敬乾妻丁氏年三十寡守節四十四年

王方美妻魏氏年二十七寡守節四十二年

黄存亮妻李氏年二十七夫死撫孤　楊大興妻王氏年三十寡存年五十五

韓廷秀妻裘氏年三十一寡以節終

胡月江妻趙氏年二十九寡紡績撫孤存年六十以上八年邑令給額獎表

陳懷瑾妻沈氏年二十八夫亡守節　陳承訓妻龔氏年二十一寡以節著

杜士銘妻金氏年二十九夫亡矢志以士道光八年儒學給額獎表

王嘉熾妻夏氏年十九夫死守志姑病刲股以療之

丁昇朝妻張氏年一十八夫死撫孤

竺師貴妻王氏年三十二寡守志三十九年

竺廷忠繼妻葉氏年三十一寡事孀姑撫前室子恩勤備至

謝進泰妻袁氏年二十八夫死苦志撫孤

過廷份妻錢氏年三十二寡苦志育孤以節聞

過丞繼妻邢氏年二十九寡以節終

陳德芳妻陸氏年二十一寡守節五十二年

劉漢琚妻呂氏早寡苦節三十餘年

姚敬文妻竺氏年二十四夫亡遺二子撫之成立臨歿謂二子曰吾今日可見汝父于地下汝能敬伯叔友兄弟吾目瞑矣

周學文妻史氏年二十九寡卒年六十六

周連奎妻張氏年二十二寡卒年八十一

張世祿妻王氏年二十四寡無子繼族姪爲嗣

宋咸吉妻唐氏年十八夫亡守志

過葉榮妻黃氏年三十一寡以節自誓

錢芳庚妻周氏年二十七寡無子繼姪爲嗣奉姑以孝存年七十

張廷望妻尹氏年二十八寡守節四十五年

吳維凝妻王氏年二十九寡守節二十餘年

吳宗元妻沈氏年二十七夫亡守節

趙繼文妾馬氏年二十八繼文亡子景武纔七歲與嫡張共撫之後嫡死持家辛勤動無踰禮卒年八十八

王愷臣妻張氏年二十八寡守節至

七十三歲卒

唐思孝妻金氏年二十八守節撫子

鄭心妻趙氏年十九夫亡子甫四月隨舅赴廣東任舅卒扶柩歸辛苦萬狀守節四十餘年

俞其芳妻張氏早寡守節五十一年

俞積秀妻周氏年二十九夫亡子幼無立錐地有勸之嫁者輒奉主而泣

唐人贊妻俞氏年二十九寡以節終

王志灼妻魏氏年二十三夫亡舅姑癈病在牀褥者五年奉養不倦守節五十五年

王世昌妻黃氏年三十寡以節孝著

鄭崇道妻房氏年二十六夫亡守節三十六年

鄭珠妻宋氏年二十八寡守節三十四年

鄭一貫妻李氏年二十八寡守節三十四年

鄭楠妻徐氏年二十四寡守節四十年

鄭存仁妻朱氏年二十六夫死守節三十八年

何學信妻葉氏年二十四寡守節至八十四而卒女六姑媳茹氏俱以節著

王家遜妻沈氏年二十五寡卒年七十三

張德安妻葉氏年二十八寡撫子榮昌

張榮昌妻俞氏早寡撫遺腹子仁開

張仁開妻俞氏年三十四寡卒年七十四

馬世發妻宋氏年二十七寡事親撫孤

貢生喻經邦女大姑以親老弟幼不字聞議婚輒涕泣父從其志勤女紅以佐日用母病封股者二父病刲股一終身蔬布卒年五十七

陳懷德妻沈氏年二十七寡守節四十二年

章道樑妻任氏年三十九寡守節三十九年

陳世貴妻張氏年二十三寡卒年七十三

錢士璐妻張氏年二十一寡守志以終

史積金妻過氏年三十五寡卒年七十一

袁建奎妻張氏早寡茹苦完貞

袁肇金子建奎妻張氏年二十五寡存年六十六

袁建祥妻張氏年二十八夫亡守節

黃正綉妻宋氏

黃錫嵩妻張氏俱青年矢志以節著

鄭仍偉妻許氏年二十三寡守節二十餘年

邢懷珍繼妻錢氏年二十七夫亡守節四十三年

王貴芳妻徐氏二十八寡以禮自守

童師周妻方氏夫死守志以清白著

竹縈漢妻童氏年二十六寡以節終

周海潮妻竺氏年二十一寡以節卒

徐兆捷妻童氏

徐元震妻吳氏俱以節著

王汝潮妻黃氏年二十五寡存年七十二

趙承堯妻鄭氏年二十八寡家貧撫孤

陳奇相妻邱氏年二十七　陳奇明妻趙氏年二十八俱以節著

陳倫端妻吳氏年二十四夫亡矢志　吳嘉銘妻周氏年五十寡守節五十餘年撫子金華居一都畈塍莊　裘發瑭妻葉氏二十四寡守節以終

史兆盛妻錢氏年二十六寡存年七十一

郭作霖妻錢氏年三十六夫死守志　諸生張廷瓚妻周氏年二十四夫亡無子撫姪啓恆爲嗣志撫未週孤成立　張啓恆妻宋氏年二十六寡善繼姑　張啓敬妻王氏年二十六寡以節著

葉榮端妻謝氏年二十九夫死守志　周國鈖妻俞氏年二十四寡以節著

周朝俊妻陳氏三十二寡存年七十

史在傑妻周氏年二十七夫死植節

丁華項妻呂氏年二十八夫死守節

魏功相妻王氏年二十四寡家貧撫孤敬事舅姑卒年七十

諸生鄭之艮妻唐氏年二十六寡存年六十五

王乘黃妻黃氏年二十三寡以壽終

李天祚妻袁氏年二十三寡

儒士錢昌彪妻張氏年二十六寡上有邁翁下無子女孑焉一身卒以節著

竹培妻尹氏年二十八寡以節孝著

張必元妻俞氏守節三十五年而卒

錢登義妻裘氏三十寡存年五十八

張曰星妻王氏二十九寡矢志堅貞

黃孝遜妻王氏年二十七寡守節五十五年

盧應軫妻錢氏年二十四夫亡遺孤纔數月家貧奉姑撫子矢志堅貞

盧立元妻竺氏年二十八夫亡子幼

苦節能貞

趙業任妻史氏年二十四夫亡矢志

李鳳德妻魏氏年二十六寡卒年五十五

童金龍妻徐氏年三十四夫亡撫孤

徐文元妻俞氏年三十五寡家貧撫孤

王其亨妻杜氏十七都蘆田人年三十三寡茹苦撫孤卒年七十二

徐元芳妻竺氏三十二寡以節孝著

王朝鋌妻俞氏蘆田人年二十寡教子成立

童一德妻唐氏年二十六寡卒年八十八

俞徐氏烏坑人以節著

葛聖培妻沈氏年二十五矢志撫孤

張天貴妻錢氏年三十二寡卒年七十三

應逢槐妻周氏年二十六夫死守節

監生錢象青妻尹氏年三十五

寡

袁秉旭妻倪氏年二十寡撫遺腹孤成立卒年六十七

魏敬宗妻葉氏年三十寡卒年七十九

魏敦乾妻章氏年二十一夫亡子方三月家貧矢志撫孤

王方瓚妻陳氏蘆田人年三十夫亡家貧子幼以養以教俾得成立

王方璁方瓚弟妻朱氏年三十三寡娣姒相勗俱以節著

謝兆繼妻袁氏年三十寡姑病刲股建茶亭置有田地

謝萬蛟妻張氏年二十一夫亡矢志

王聰惠妻魯氏年二十二嫁未及週夫死矢志繼姪爲嗣

錢宗禎妻張氏年二十五寡事邁姑撫遺孤守節三十三年

竺欽明妻唐氏年二十二寡家亦貧撫子成立娶媳魏氏子復夭事邁翁撫弱孫朝夕饔

殮全賴二氏十指

王毓榮妻單氏年三十四夫死守志

王有盈妻單氏二十四寡事親撫孤周家鳳妻唐氏二十五寡撫三月孤

單開鼎妻唐氏年二十二寡無子以姪爲嗣姑病刲股以療守節四十六年

單開球妻周氏年三十寡以姪爲子守節四十一年

孫孝感妻金氏年二十六寡守節二十餘年

竺友蘭妻范氏年二十五寡守節五十六年

翁大宗妻周氏年二十三寡守節撫孤

徐傳統妻馬氏年二十七寡事邁姑撫遺孤以節孝著

馬慶河妻金氏年三十五寡享年九十八

宋世璜妻丁氏年二十三寡卒年六十五

監生錢登榜妻黃氏年三十四夫死守志享年六十三

宋紹鏜妻張氏年三十一寡食貧自矢

張家孝妻葉氏年二十二寡存年六十二

張珊桂妻黃氏年十九寡家徒四壁子甫三月撫之成立存年五十五

葉榮光妻周氏年二十二寡卒年八十

袁文崧妻錢氏年三十一夫死守節　張居敬妻顏氏年三十四

張環妻王氏年二十九　張居守妻毛氏年二十七

張卜昌妻龔氏年三十三俱以節著　張錫圭妻潘氏年二十九寡卒年七十七

張遇清妻任氏年二十七夫亡守節

鄭紹爵妻葛氏年二十九寡守節五十餘年

茹舜臣妻葉氏年三十二寡守節四十二年卒

鄭鶴占妻張氏年二十五寡苦節以終

鄭嗣俠妻尹氏年二十七夫亡遺腹生子藉女紅撫以成立尤善事姑守節四十三年

鄭國昌妻王氏年二十六寡家貧子幼苦節四十六年

鄭居敬妻馮氏年二十四寡家貧紡績撫孤

丁道榮妻袁氏三十寡卒年七十三黃仁廣妻張氏年二十二守節撫孤

俞安茂妻周氏年二十二夫亡家貧操女紅以事舅姑

諸生邢廷奎妻錢氏二十入寡邢向凝妻錢氏年三十寡安貧自矢

邢協安妻安氏年三十夫亡守節裘宏盛妻陳氏二十四寡紡績度日

邢元學妻裘氏年二十四夫亡撫三月孤守節四十餘年

裘發耀妻張氏年三十一家貧撫二齡孤成立

裘元準妻金氏二十七寡事姑撫子

裘大紀妻高氏年二十七寡家無升斗茹苦含辛上事下撫卒年六十七

裘配湖妻韓氏年二十六夫亡守節

裘聖友妻朱氏年二十三寡守節三十五年

史文義妻沈氏二十七寡事姑以孝

裘天吉妻朱氏年二十七寡守節四十年

裘克成妻相氏年二十九寡勤紡績事親撫孤清貧自守

任世軺妻沈氏年二十七寡撫遺孤守節四十六年

張發彬妻裘氏年二十八夫死守節

張永泰妻徐氏青年矢志撫孤成立

江聖化妻竺氏年三十夫死守節

史端登妻錢氏年及笄于歸甫三月而夫逝以伯子椿叔子詠爲嗣撫養成立椿爲諸生

訴承世業
皆氏教也
日侍湯藥無少倦
里人咸稱其孝
韓氏亦青年矢志姑
媳相依稱節孝也
孤
十二與嫡同志
且能以禮自處
錢恒猷妻費氏年二十四寡
寡
人稱一
門三節
厲亭年九十
親見四代
寡撫遺孤以教
以養俾得遊庠

史瑞圖妻裘氏年二十六寡舅姑病
裘嗣周妻史氏早寡繼姪為嗣娶媳
裘沛亮妻朱氏年二十七寡家貧撫
史鑑妻胡氏年三十三寡妾龔氏年二
裘充美妻應氏年二十三夫亡矢志
錢萬化子恒猷妻裘氏年二十七
錢世明子萬化妻陳氏夫亡矢志
周之珽妻錢氏年二十七寡清操自
諸生周復脩妻袁氏年二十二
周日暘妻張氏青年矢志撫孤成立

周日旦妻黃氏早寡撫二子成立

周逢泰妻何氏年二十二寡撫遺孤又殤苦節以卒

周炌業妻張氏孝舅姑舅疾封股和藥以進

周勳業妻張氏性端淑孝養舅姑姑疾封股以療復鬻簪珥以備甘脆加餐則喜減膳則憂閱三年如一日

周煐業妻錢氏王姑病醫藥無效氏封股和羹以進病遂愈後繼母病復封股以療母疾

周自溫妻范氏青年矢志撫孤成立

諸生周治新妻謝氏年三十寡無子繼姪爲嗣飲冰茹蘗凡四十餘年

諸生周煌新繼妻朱氏無子勸夫置妾夫死與妾方氏矢志以終鄉里賢之

周克才妻錢氏二十五寡撫子成立

周忠懽妻朱氏夫亡撫子子夭與媳陳氏勤女紅置祀田爲亡兒立後

諸生周敬妻錢氏早寡勤儉撫孤

周方飈妻裘氏年二十九子方髫齡

夫死復生一子撫以成立長游庠次克家皆氏教也

周方梧妻裘氏姑早喪舅病瘋奉事惟謹得享高年皆氏力也

周業廣妻錢氏早寡遺腹生一子三歲而殤遇雖窮冰霜之志百折不回

周德初妻徐氏二十七寡撫孤成立

周明安妻陳氏夫亡矢志諸事稟命孀姑待姬妾如娣姒撫猶子如已出

周貴問妻劉氏年二十九寡家貧不以饑寒二其心

周大孝妻邢氏年二十三寡終身不聞笑語

周大節妻安氏青年矢志撫孤成立

周大謨妻張氏年二十八寡厲志撫孤

諸生周國祥妻錢氏性貞靜舒施與夫亡矢志撫孤成立

諸生周逢起妻錢氏于歸五年夫亡教二子有歐母風

周大德妻邢氏守節撫孤刲股事父

周大宗妻詹氏青年秉節教子成立　周貴顯妻錢氏二十七寡安貧撫孤閭里罕見其面

周醻家妻袁氏年二十一以節孝著　周慶義妻夏氏年二十七寡矢志撫孤

周懋廣妻邢氏夫亡矢志持家嚴肅

監生周廣業妻邢氏年二十七寡以禮自持言笑不苟

周子威妻商氏刲股療夫　周恩均妻呂氏二十三寡教子以義

周靜業女金妹年十五母病與妹侍疾衣不解帶號泣籲天者累日刲股和藥以進母病若失

諸生史在濂妻周氏名貞妹刲股救翁鄉里賢之

周倘縉女母病百藥不效刲股以療遂愈

姚維凝妻張氏年二十五寡卒年八十四

姚治本子維凝妻周氏年二十七寡矢志堅貞享年七十一

周醕垣妻錢氏年二十九寡事舅姑以節孝著

諸生周行唐妻馬氏年二十七寡享年七十二

周可海妻謝氏年二十八寡享年六十五

周可源妻俞氏年二十六寡享年七十五

周傳栢妻周氏年二十八寡享年六十二

鄭汝奎妻張氏年二十七寡撫孤成立守節五十一年

鄭翹新妻孫氏年二十七寡無子守節四十三年

吳允度妻宋氏年二十四寡卒年六十

吳元彪妻宋氏知書計二十八寡舅姑病刲股不效葬盡其禮撫遺孤成立

吳士達妻沈氏年二十四寡無子繼姪爲嗣奉姑三十年備極孝養

吳懷懋妻朱氏年二十七　吳懷恩妻趙氏年二十八俱以節著

吳登仕妻馮氏年二十八夫亡撫孤　吳其武妻汪氏瘖而聾年二十四夫死氏不欲生隣母指其腹勸之再四乃點頭拭淚強起飲食數月後生一子刻苦撫養以節終

吳裕鑑妻竹氏二十九寡孝事舅姑　張忠協妻袁氏年二十二夫亡守志建半塘茶亭卒年七十六　張允清妻俞氏二十五寡繼姪爲嗣

笁鏗妻沈氏青年守志僉憲張邦信爲序其事

劉本明妻張氏三十寡存年六十一　馬有倩妻金氏年二十二夫死守節

馬慶美妻金氏年三十五寡享年七十八

唐志元妻俞氏年三十四夫亡矢志撫姪爲嗣守節三十八年

王三槐妻吳氏年三十五寡居蘆田　林應球妻盧氏年二十四寡撫孤成

立卒年七十六

十七

病跛産口以削矢志不二

孤孤天有勸之嫁者氏矢志益堅

媳已弄孫矣而子媳俱亡復鞠遺孤竟至成立

馬國學妻張氏年二十四寡存年六十八

俞安成妻裘氏年二十夫死守節

刲股以療孤以節孝著

陳宗訓妻金氏年二十六寡享年七十二

沈之秀妻陳氏年二十四寡卒年七

吳啟鶴繼妻陳氏年二十五寡子

吳裕瑗妻馮氏年二十八寡紡績撫

陳尚倫妻張氏年二十五寡撫子娶

宋一筠妻任氏

安繼孝妻張氏家貧紡績事姑姑病

劉建兆妻趙氏年二十七寡事親撫

陳尚榮妻王氏年三十寡食貧撫孤

王汝賢妻周氏年三十五夫死守志夫病刲股不效以節自誓存年五十九

監生李文明妻朱氏年二十九

李克倫名天祚妻袁氏年二十一寡存年六十一

李克恭妻謝氏年二十五寡存年五十五

龔志瑜妻陳氏年二十二寡

王艮能妻張氏年二十九寡

王艮裕妻應氏年二十七寡

莫顯高妻蔣氏年二十二寡俱以節著

錢宏溥妻求氏年二十一寡撫孤成立

張瑞林妻姚氏年二十六寡以節孝著

監生張津源妻馬氏年三十三寡事姑以孝

陳發瑞妻張氏年三十夫亡撫遺歲孤享年八十四

邢向森妻錢氏二十六寡事姑撫孤　史承義妻俞氏年二十二寡守節五十餘年

茹德隆繼妻陳氏年二十三寡撫孤成立存年七十

竺紹瑗妻馬氏舅病刲股姑病亦然夫病又然年二十四寡享年八十二

唐盈周妻王氏年三十一寡守節二十二年

王奕勳妻葉氏年三十四寡撫子成立

王興成妻呂氏年三十二寡存年五十七

王興彭妻俞氏年三十寡事姑以孝

傳武侃妻鄭氏二十八寡事親撫孤　魏錫貴妻袁氏年三十寡家極貧矢志撫孤卒年六十二

林國良妻邵氏年二十二寡享年七十

裘書興妻錢氏二十八寡事親撫孤

裘書旺妻王氏年三十寡苦節撫孤道光二十年捨資獨建下王木莊石橋以濟行人遠近稱之

周恩悌妻錢氏二十五寡苦節撫孤

鄭儀鳳妻周氏年三十一寡

鄭知岳妻傅氏年二十九寡

鄭聖斌妻張氏三十二寡俱以節著

張奎老妻徐氏二十一寡守節以卒

周葉法妻過氏年二十一寡事瞽姑先意承志

金元明妻俞氏年三十寡守節三十七年

王待琳妻丁氏三十三寡紡績撫孤

章紀仁妻周氏年三十四家貧夫死守志辛苦備嘗卒年七十一

謝昌富妻屠氏年二十九寡存年五十六

姚崇洽妻諸氏二十八寡存年六十

馬奕華妻呂氏年二十七寡存年五十九

俞廷遐妻王氏年二十四寡享年八十

蔡義坤妻竺氏年二十八寡守節至九十二而卒

黃良朋妻樓氏年二十四寡事姑撫子以節孝著

張偉聖妻金氏年三十三寡守節三十一年

俞必化妻袁氏年三十二守節存年六十

張兆儒妻方氏年二十九寡以節著

裘一麒妻尹氏年三十寡存年五十二

監生裘坤岳妻周氏年二十九寡無子繼姪爲嗣存年五十四

錢世芳妻施氏年二十一寡事翁姑久而能敬善操持勞而不怨教子孫必以義方計守節四十五年

王國來妻葉氏年三十

張國滿妻劉氏年三十三

袁紹忠妻樓氏年三十四　張國經妻周氏
張偉傑妻周氏年二十九　王定武妻錢氏年三十五俱以節著
厲邦汀妻張氏年二十九夫死守志　厲邦俊妻王氏年二十七寡家貧撫
孤成立存年五十三　厲嘉璉妻錢氏年三十四夫死守志
竺友才女家貧親老奉事惟謹終身不字卒年七十七
樓克明妻周氏年三十六寡　王達宗妻張氏年二十四夫亡守節
陳正輝妻袁氏年三十一寡卒年六十九
陳忠嘉妻王氏年三十七　陳正仙妻袁氏年三十一
沈凝康妻張氏年二十九　沈凝遇妻王氏年二十四並以節著
裘國翰妻呂氏年三十寡以節著　周文德妻袁氏年二十五矢志堅貞

以節自勵

張天植妻王氏年二十四夫死守節

卒年八十二

張繼曾妻杜氏年二十二寡以節著

鄭士月妻胡氏年二十四夫故無子卒年六十五

王賢道妻沈氏年二十七夫故守節

王聖依妻沈氏年三十三寡以節終

王敬瑜妻吳氏年二十七寡

張瑜妻吳氏年二十五夫死守節撫孤

吳如壎妻徐氏年三十五寡以節終

吳敬賢妻馬氏年二十九寡守節四

十年卒

鄭雲山妻林氏年二十二夫死撫孤

孤夭繼姪爲嗣孝舅姑歷三十八年而卒

張伯裔妻陳氏年二十寡存年六十九

董景隆妻鄭氏年二十五夫死守節

鄭萬化妻陳氏早寡守節三十年

丁延齡妻王氏年二十將于歸延齡已患瘵父母有難色氏以死自誓結褵未百日夫死

氏矢志二十年卒

錢世英妻王氏年三十四寡遺孤纔四齡撫以成立支持門戶備極辛勞年八十八歲卒

陳登七妻鄭氏年十九寡矢志撫孤

朱兆栗妻鄭氏年二十二夫死守志

諸生朱雍思妻董氏青年矢志

朱聯三妻張氏二十九寡矢志撫孤

沈耀臣妻喻氏年二十九夫死守志

王學渭妻僕氏年二十三夫亡守節卒年七十七

諸生陳雅度妻孫氏堅貞矢志

任伯興妻鄭氏二十一寡孝事舅姑

朱萬善妻鄭氏年三十寡家貧無子苦節以終

杜太萌妻孫氏年三十寡苦志撫孤

鄭文榮妻鍾氏年十七寡撫遺孕子尊三卒年七十三

鄭尊三妻蔡氏年二十四生子演斋夫死孝姑撫子克終其志

鄭演斋妻蔡氏年二十生子未旬日

而寡存年五十一

王權連妻張氏年三十三

王權仁妻馬氏年三十四俱以節著

葛啟麟妻劉氏年二十八守節撫孤

喻大志妻吳氏二十三寡撫孤成立

喻大魁妻周氏年三十寡事姑撫子

孫孝懷妻林氏年二十九寡家貧姑瞽事之惟謹卒年七十三

孫節建妻蔣氏三十一寡以節孝著

孫元鼎妻馬氏夫死守志足不踰閾

孫節介妻胡氏年三十四妾章氏年二十九子甫生而夫故二氏同心撫養以至成立胡年七十五而卒章亦享年七十三

孫節音妻吳氏年三十三寡事親撫孤動不踰禮享年七十七

諸生孫尚遜妻鄭氏年二十九夫死守節卒年八十五

孫尚昇妻黃氏年十九寡事姑以孝

監生孫尚廉妻林氏年二十寡無子繼姪爲嗣事孀姑竭盡其誠

孫尚卿妻黃氏年二十八家貧子幼夫死守節

諸生孫尚硯妻蔣氏年二十三寡撫八月孤姑病刲股以療

孫尚乾妻宋氏年二十九寡以節終

孫尚磊妻馬氏年三十寡事親撫孤

孫芳錡妻黃氏年三十三寡事瘋姑惟謹諸叔幼賴以成立

孫芳岳妻柏氏年三十三寡家貧勤紡織以撫孤

趙業瑞妻朱氏早寡守節四十年

張環趾妻章氏年二十九寡家貧無子守節至八十四而卒

儒士錢紹璉妻周氏早寡以節著上有遺姑寡媳雛孫仰事俯畜劬瘁不堪計守節四十餘年

儒士錢紹瑞妻裘氏年三十九寡姑有痼疾侍奉十餘年無倦容撫子成立以節終

錢承乾妻商氏年二十九夫亡家極貧藉十指餬口守節三十餘年

朱承祖妻馬氏年二十五夫死守節

鄭升瑞妻竺氏二十四寡撫子成立

張集繡妻龔氏年二十七

張有璠繼妻宋氏年二十九

張秀夫妻馬氏年三十七

邢常漢妻劉氏早寡勤紡織事舅姑

鄭世能升瑞子妻屠氏年二十五寡存年五十一

鄭承臨升瑞孫妻竺氏年二十二寡存年五十五

鄭尚肅妻王氏

張國泰妻宋氏年三十一

張鳳來妻王氏年三十二

張周正妻陳氏年三十二寡俱矢志堅貞克全其節

沈兆南妻鍾氏年二十四寡守節二十二年

章正詒妻周氏年三十五寡亭年七十八

朱德元妻袁氏年二十四寡家貧苦

節四十餘年

王毓琊妻唐氏年三十九夫故家貧撫遺孤未幾又夭守節至七十一歲卒

諸生陳德燿妻葉氏年三十六夫故守節存年六十四

劉承勳妻黃氏年三十寡以節終

樓維雲妻董氏年三十一夫死守節

黃國泰繼妻蔣氏年三十四

童繼清妻魏氏年三十五寡俱以節著

張必瓚妻金氏年二十五夫死矢志

張志容妻鮑氏年十九寡存年五十四

諸生吳師琦妻張氏年二十四寡無子繼姪爲嗣苦志堅貞至七十餘卒

陳奇忠妻龔氏年二十一夫死子幼苦節自誓享年六十三

傳祖元妻吳氏年三十三寡知詩書事舅姑以節孝著

陳詩妻鄭氏年二十寡事姑以孝

二矢心匪石事適翁敬而有禮

卜明泉妻袁氏青年矢志

鄭之彥妻馬氏三十四寡繼姪爲嗣

朱恆佐妻陳氏年三十寡守節以終

張起賢妻錢氏年二十二夫亡矢志

陳士豪妻董氏年三十寡矢志不二

錢芳琪妻張氏年三十寡享年六十

過泰明妻呂氏年三十三夫死守節

過運灝妻錢氏年三十一寡夫死家極貧苦節三十三年

王茂成妻汪氏年二十九寡以節著

徐正統妻馬氏年二十五寡守節三十餘年

應位瑾妻胡氏年二十四夫亡家貧孝養舅姑苦節四十五年

潘廷賢妻錢氏年三十二寡以節終

丁仰山妻唐氏家貧早寡矢志堅貞

丁道行仰山子妻商氏早寡撫遺孤孤又殤孑焉一身以苦節終

錢大寶妻崔氏年三十寡守節撫孤

周朝呂妻王氏二十二寡家貧撫孤　馬表德妻王氏年三十四寡以節著
周紹裘妻屠氏年三十五夫死守節　沈立剛妻吳氏二十一寡孝姑撫孤
杜配乾妻鍾氏早寡以貞節自矢　董國相繼妻陳氏以節稱
閻成材妻徐氏年三十八　鄭蓍占妻朱氏年三十一俱以節著
周崇績妻竺氏割股療夫年二十三寡無子繼姪爲嗣
王興福妻陳氏年二十四寡以節終　周廷爵妻俞氏年三十二妾陶氏年二十七俱貞節自矢俞年六十四卒陶年八十六卒　周朝清妻任氏三十寡卒年七十三
屠之千妻趙氏年二十七夫死守節　朱承裕妻徐氏年三十一夫死撫孤天復撫遺孫存年六十　陳懷義妻沈氏年十八寡守節以終
陳增逑妻章氏早寡苦節四十三年　趙光發妻嚴氏年二十七以節自矢

姚家亭妻沈氏年二十五寡以節著
王開睿妻黃氏年二十七
邢在蕃妻過氏年二十
邢在美妻錢氏年二十四竝以節著
裘天霞妻沈氏早寡撫二歲孤成立紡績自厲存年五十一
錢登瀛妻鄺氏年三十寡家貧無子
黃夢麟妻張氏年二十寡守節四十三年
徐泉鑑妻史氏年三十寡無子守節五十一年
丁道岸妻李氏年二十四寡存年六十四
謝隆珽妻沈氏年二十四寡存年五十七
張紹賢妻袁氏年十九寡存年五十
魏咸歡妻竺氏年二十一于歸百日夫亡矢志守節三十二年
邢彰達妻錢氏年二十六寡存年五十八

葉振枝妻魏氏年三十四夫死撫孤存年五十七

謝華訓妻馬氏年二十五寡撫孤成立

尹自朝妻高氏年三十歲守志存年七十二

袁大志女閏九姑因母目瞽守貞不字

監生錢國慶妻支氏年三十而寡矢志冰霜撫孤成立存年五十四歲

朱朝陽妻洪氏年二十九夫死守志

宋天盈妻王氏二十七寡守節二十六年

以上道光志輯王嘉熾妻夏氏等四百十七名

咸豐五年　旌任鄭氏張任氏咸豐元年旌

旌鄭楠妻徐氏等二十八名咸豐九年旌

嵊縣志卷十九

節孝

諸生莫福慶妻張氏居東土鄉康熙己未生訓子之瑞成乾隆甲申歲貢

馬其陞妻張氏康熙己未生年三十寡撫子銓學成諸生歿年八十九

馬錫學妻朱氏並居仁邨康熙丙戌生年三十寡歿年四十九

張元修女七姑貞孝坊建禮義鄉高田莊嘉慶年間旌以上據採訪補

唐職后妻宓氏居棠溪莊道光九年旌

張錦第繼妻俞氏居璞巖莊乾隆初生年二十一寡道光十四年旌

諸生竺秀春妻董氏居查邨年二十六寡孝事翁姑撫子成立歿年六十七

裘嗣周妻史氏居裘巖　裘懋智子嗣周妻韓氏姑媳嗣徽

並道光十六年旌

張朝品妻錢氏居城中年二十八寡家貧撫孤殁年八十五道光十七年旌

錢宏華妻丁氏

裘晉泰妻陳氏年三十寡計守節三十六年並道光十九年旌

張仁炳妻錢氏三十寡殁年四十九

張源煌妻李氏並居清化鄉年二十九寡計守節二十四年

唐職方妻丁氏居棠溪莊撫三月孤成立建橋施茗恤貧濟困氏不吝其資現存年七十餘四世同堂並道光二十四年旌

黃方榮聘妻金氏年十三夫故誓不別適後以木主迎娶終身不衣帛殁道光二十八年旌以雅齒完貞

馬秉艮字既閒妻裘氏居仁邨

馬椅佳秉艮子妻許氏姑媳同寄

俞學梁妻童氏居遊謝鄉年二十九寡善撫猶子以壽終江學憲給節邁懐清扁音以獎之

監生郭可霖妻錢氏居積善鄉前王莊

陳翔雲妻張氏居德政鄉　陳成裕妻鄭氏並青年矢志撫孤

諸生袁繼峯妻尹氏居招龍橋年二十六寡歿年八十一

陳基遠妻林氏居蔣家埠　監生吳宗傳妻陳氏年二十四歲適陳才三十八日夫亡善持家政好施與寶積菴氏所新建也咸豐乙卯卒

王植三妻陳氏居城中乾隆時人以上道光三十年旌

裘清女富妹守貞不字年五十卒　裘德瑜女貞妹守貞至五十六歲卒

裘袞次女小姑性純孝因母寢疾立誓不字奉養不離左右者數十年歿年四十三歲

裘立襄妻張氏奉養翁姑撫孤成立　裘兆玭妻俞氏夫死撫子子死撫孫一身三歷其艱允稱苦節　諸生裘煒妻王氏青年矢志撫孤

裘純啟妻王氏年二十七寡　裘協全妻王氏矢志撫孤

裘宏猷女大姑適孟氏數月而寡無周親歸依母家矢志六十餘年歿

監生裘廷臣繼妻張氏年二十四歸張甫五月夫亡枕尸慟哭勺水不入口者五日尤善事邁姑能得懽心　裘會清妻俞氏孝事邁姑嘗割股肉療翁疾鄉里賢之　裘克義妻馬氏苦志守節孝事翁姑

裘高雲妻馬氏負儒自安紡織度日　監生裘兆楠妻蔣氏

裘世恩妻陳氏　裘光芝妻宓氏

諸生裘邑繼妻沈氏　裘光時妻柏氏並青年[illegible]矢志

裘經遺妻任氏年二十七夫亡守節　監生裘經通妾徐氏二十九寡

史濟豫妻錢氏年二十一歸錢半載夫亡事姑撫姪現存年五十八　並居宗仁鎮

郡庠生裘輕美妻尹氏志烈節苦凜若冰霜邑令戴侯椿給匾旌　以上道光年間旌

馬天燮妻張氏居城后莊　董家元妻張氏居陸家莊

監生李賢濬妻朱氏居禮義鄉乾隆壬辰生年八十六歲歿

監生丁楷妻裘氏撫三子俱克家艱辛備歷者三十六年朱學憲給一生苦節額

屠長春妻葉氏居東大巘　孫凝神妻裘氏幽閒貞靜頗有淑德

孫芳域妻王氏養姑撫子並居孫嶴　章鎰清妻王氏

諸生裘恆智妻舒氏居棲巖莊　李如筠妻林氏居塘邸莊計守節三十年如筠邑諸生

張式錟妻任氏居中湖蔭莊

張昌松妻王氏居東張莊道光年間　以上憲獎

吳景仁妻徐氏居三界鎮年十七適吳二十二寡家貧勤紡績撫孤秉政成立嘗有隣叔病鬼祟忽曰氏來焉避之其一曰第之下奈我何氏全病者霍然起咸豐辛酉冬粵匪竄陷荒僻悉擾氏避處獨免同治乙丑五月二十二日午正召媳澡雪易服端坐口宣佛號逝時年六十五停柩側廂明年合鎮火延燒數百家廂亦焚柩竟無恙人僉稱天佑

呂賢鑑聘妻錢氏長樂萬衡女年十七聞夫訃不言亦不食夜靜自縊救之得不死縞衣素食獨處一樓十二年隣媼罕窺其面姑聞其守貞狀備禮迎歸逾年卒卒之日異香滿室歷酷暑三日面如生從伯孝廉燮煌爲立貞女傳

施慶芸妻沈氏　徐立禮妻任氏

俞心洄妻張氏　俞長英妻張氏

陳家茂妻鄭氏　袁道澄妻王氏

錢緣會妻陳氏　錢龍山妻陳氏

錢昌標妻張氏　錢登梁妻陳氏
張拱乾妻王氏　張太欣妻杜氏
張之愷妻趙氏　張志藻妻馬氏
張志渠妻李氏　王宗倫妻于氏
王艮興妻宋氏　唐惟聰妻丁氏撫子孝曾素食終身
商建文妻王氏　商明貴妻魏氏
應方釗妻胡氏　裘光和妻張氏以清節聞
裘世林妻沈氏二十九寡事姑撫孤　裘國詔妻斯氏
裘緒成妻邢氏守節二十七年　裘懋炳妻向氏
婁日揚妻沈氏　金世豪妻袁氏

史義高妻方氏

史銘軒妻吳氏居浦橋年二十八寡卒年四十五

李維正妻屠氏三十寡歿年六十一

李克臻妻葉氏守節三十三年

呂元楚妻張氏

尹志祥妻沈氏

尹大愷妻金氏

尹嘉炳妻王氏

尹遠璧妻王氏二十五寡居漩水灣

尹嘉壽遠璧子妻唐氏孝奉舅姑睦妯娌年二十九夫亡撫孤慶琮成立家稱小康

諸生尹慶豪妻錢氏

馬瀚學妻周氏

馬有潤妻徐氏

馬慶琦妻盧氏

儒士馬奕端妻袁氏

馬德泰妻徐氏

鄭昇瑞妻竺氏

鄭永臨妻竺氏

鄭詩化妻竺氏
鄭兆南妻閻氏
沈永保妻王氏年二十八寡守節二十一年卒
龔玉英繼妻鄭氏
徐大木妻張氏
徐明安妻馬氏
貢生俞睿廷繼妻謝氏
吳積馨繼妻袁氏
諸生柴逢春妻韓氏
陳家騄妻鄭氏
陳兆彩妻袁氏
陳家仁妻鄭氏
潘效志妻袁氏
潘效禮妻戴氏
錢世華妻黃氏
錢鳳鳴妻孫氏
監生錢登槐妻周氏年二十八寡歿年六十二歲
監生錢登槐妾王氏年二十一

寡與嫡共守節三十六年

儒生高心璥繼妻呂氏居黃泥橋璥博學工制義屢試不第鬱鬱卒氏生一女撫前室子女如己出淑慎清閒鄉里稱之卒年六十餘

高敬傳妻單氏居黃泥橋年二十二夫亡矢志奉舅姑襄內政撫孤成立歿年六十餘

高承鑑妻袁氏

張啟慧妻王氏撫姪守節三十年

張鳴皋妻杜氏

張良昌妻尹氏

張本昌繼妻韓氏年三十寡上事翁姑下撫子女撥田爲祀節而兼孝

張道陞妻相氏繼姪爲嗣年六十七

王士節妻尹氏

王勳立妻葉氏

王恩深妻尹氏

唐惟藻妻盧氏年二十適唐纔七月夫亡撫遺腹子尤勤紡績以事親

黃良佐妻袁氏

黃顯忠妻劉氏

裘書德妻錢氏　裘恆鴻妻應氏
葉榮粱妻丁氏　周醑煥妻過氏年二十八夫病亡無
嗣撫猶子二長世望成諸生幼世
德貢成均閭里稱之卒年七十二
周紹義妻俞氏居周塘沿撫子和元　周醑烜妻范氏年三十四寡勤儉持
家撫子二以養以教一　周從廷妻黃氏
子八庠卒年六十八
金紹魁妻呂氏　史明善妻張氏居湖頭存年七十二
李克倫妻袁氏　李克明妻朱氏
尹嘉承妻金氏　諸生尹堂鑑妻張氏善事翁姑
慈嚴撫孤長子汝諧　單鳳梧妻魯氏居馬路堂撫育二子
成明經氏年七十卒
馬有文妻張氏居馬家　監生馬海觀字德欽妻金氏

馬步融妻錢氏　馬志珩妻過氏
沈遠望妻王氏　沈世福妻陳氏
沈作舟妻俞氏　沈正朝妻陳氏
喻孝恭妻王氏二十三寡壬子年卒　鄭祖道妻張氏二十八寡年七十六
劉紹曇祖母邢氏以下載表徵錄　劉紹曇母邢氏
劉紹曇妻周氏一門三世矢志嗣音　劉紹景繼妻邢氏
周寢騏母錢氏　周寢騏妻盧氏
盧　妻錢氏　周尚化妻丁氏
孫成學妻駱氏　諸生吳師瑗繼妻翟氏
王逢存妻俞氏　鄭天璋妻章氏

周續仁妻童氏　義女芳憐丁氏婢以上載表微錄

鄭端妻章氏　劉志遠妻盧氏

劉能貴妻邢氏　劉聖明妻周氏

劉聖啟繼妻邢氏以上載續表微錄並咸豐元年旌載越郡闡幽甲錄

裘天模妻馬氏　監生裘桂馨妻馬氏

任守仁妻吳氏　貢生沈鶴林妾王氏

沈繇妻陳氏　呂文涵妻王氏居貴門年二十四寡事遡翁節孝同稱撫遺孤慈嚴並濟現存年六十有五

朱和凝妻傅氏　俞安茂妻周氏

俞增芳妻姚氏　陳顯爵妻王氏

王名燵妻魏氏　張球琳妻樓氏
黄鳳岡妻張氏　黄鳳山妻張氏
黄玨璵妻裘氏　丁國相妻呂氏
李德麟妻王氏　史善良妻張氏
沈則善妻張氏　尹慶權妻呂氏堂鑑弟婦與張氏妯
娌甚睦夫逝世持家勤儉　鄭慤然妻吳氏
撫孤成立人稱一門雙節
葛鳳春妻王氏以上並係咸豐二年旌載甲錄
錢敦鼇妻裘氏四十一都三十三寡　錢世奇妻呂氏四十一都三十三寡
撫子昌正紡績營生守節十八年卒　衞千總錢旺河妻郭氏四十
一都三十一寡子溶清　高承煥妻楊氏居東隅年三十三寡

善女工訓子我乾應試屢列前茅因賊擾不及院試歿時論惜之氏現撫孫二年六十四以上咸豐二年憲獎載甲錄

俞廷訓妻宓氏

張學曾妻董氏

張文瀠妻王氏

徐熙雍妻張氏

俞廷鑽妻王氏

陳安芬妻商氏居繼錦鄉陳家

張太琮妻沈氏以上並係咸豐三年旌載甲錄

陳禹貢妻吳氏

錢永思妻顧氏

任華揚妻杜氏

董家元妻張氏

馬國學妻張氏

沈萬春妻鄭氏

沈其廣妻傅氏

沈高蜚妻傅氏

沈萬邦妻鄭氏

儒生高炳奎妻張氏居城東隅與寡姑李氏以鍼黹自養撫孤承標成諸生

高敬璋妻沈氏　高敬瑜妻張氏

貢生支公翰妻樓氏　錢登昌妻周氏

錢登榆妻李氏　張本金妻周氏居後嶂莊事姑撫孤

張志坦妻尹氏　裘安泰妻張氏

監生金世揚妻尹氏　尹嘉仕妻袁氏

馬德坤妻錢氏以上並係咸豐三年憲獎載甲錄

陳爲敏妻鄭氏　祝允英繼妻張氏

竹與淇妻李氏　竹盛唐與淇子妻應氏與姑同守節以終

陳思泰妻孫氏

陳開運妻傅氏　唐人豐繼妻孫氏苦志撫孤

唐孝傳繼妻袁氏並上唐人　監生張暄妻吳氏

張敏達妻應氏苦志撫孤年六十五　黄方德妻王氏居穀來莊

周醋通妻邢氏　許國秀妻王氏撫三歲孤廷校成立

魏忠裔妻羅氏　駱載賓繼妻王氏居徐家培家貧紡績事邁翁姑二十餘年現年六十五

童國香妻閻氏

徐立紀妻裘氏　徐立常妻裘氏

盧維江妻張氏　俞采中妻呂氏

俞作新妻袁氏　袁章賢妻方氏

錢蘗蓉妻周氏　錢揖勝妻邢氏

錢宏源繼妻王氏

錢文涵妻王氏

錢勳芹妻張氏

監生錢紹華妻馬氏

錢貽齡妻裘氏

錢武猷妻過氏年二十寡遺一女仍不育撫姪爲嗣尙孝慈曾之衍割田助祭聊抒源本之思計守節五十四年

錢芳忠妻陳氏年二十八寡善心善容矢勤矢愼膝下教子堂上承歡始終如一內外無閒言守節二十六年

諸生錢芳奎妻張氏

錢承槐妻黃氏年三十寡事舅姑二十年奉養無違家遭火災矢儉勤以支持門戶守節二十餘年卒

錢萬宗妻葉氏年三十寡事翁姑以孝撫孤子以慈守節二十四年

錢承鏊妻邢氏年二十八寡遺子甫七月撫育維持母兼父道奉養舅姑婦兼子職計守節五十年

監生錢承乾妻商氏

錢甯祥妻竺氏年二十九寡撫藐諸成立維艱縫紉補綴以濟厥生卒興門戶守節十六年歿

錢萬年妻張氏年二十八寡夫病調治維謹夫亡依母家以居育子娶媳悉藉十指守節十四年卒

錢芳衡妻邢氏年三十寡孝尊章持門戶守節三十三年

錢承崙妻邢氏年二十七寡事翁三十年事姑十年久而能敬鞠孤子俾克成立拮据辛勤以興家業計守節六十四年

錢傳美妻周氏

錢萬運妻過氏年三十夫失足隕水死仰事撫育悉出十指計守節四十五年

錢樂賢妻劉氏年二十八寡青年淚眼霜辛露酸撫孤成立守節四十年

錢世朝妻王氏年三十寡孝事尊章撫藐孤爲擇師友勤勉彌至守節二十六年卒

錢世寶妻王氏

錢貽炳妻邢氏年三十寡奉姑教子監生錢旺疇繼妻袁氏年二十九寡撫育遺孤支持門戶貞靜矢冰霜之操內外無嘻嗃之聲守節二十三年

儒士錢貽謨妻周氏年二十三寡勤女紅能敬事翁姑教猶子知尊禮師傅計守節四十年

錢我廉繼妻張氏撫前子直如己出教弱女亦以義方事翁姑數十年如一日計守節二十四年

監生錢旺越妻馬氏撫育遺孤養而能教因持門戶留心質劑遂通文義於諸經多能默誦二子俱有聲士林計守節三十餘年

錢世相繼妻朱氏家貧撫孤勤女紅以奉翁姑

錢登科繼妻劉氏年二十九寡撫孤以節終

王維治妻胥氏守節三十三年

王汝梅妻丁氏居華堂計守節四十六年

王澍懋妻孫氏華堂守節三十三年　唐夢柳妻王氏

唐德星妻單氏　章道粱妻任氏

章道知妻王氏　章義衛妻馬氏

張世祿繼妻王氏　張文泰妻裘氏

監生張會晟妻竺氏　邢在侯妻錢氏

邢康誥妻陳氏年二十五夫亡守志　裘廷爵妻陳氏

周酷佳妻鍾氏年二十四夫亡撫遺腹子政廉成諸生尤孝舅姑鄉里稱之卒年四十九

周亮達妻袁氏城中諸生載清妹幼聰淑嘗隨母談詩熟三國等志長適周不十年寡以苦節終子功鉅

劉本榮妻邢氏　劉從龍妻邢氏二十七寡事姑撫孤

監生劉漢川妻裘氏妾陳

氏夫亡守節承遺命創世祖文敏祠置祭田二十畝又與族捐建忠賢祠撫姪爲嗣

金宗聖妻鄭氏　李道遵妻胡氏

沈光淇妻鄭氏善事翁姑繼子天章　費昌國妻馬氏二十三都趙馬莊

鄭雙龍妻王氏守節二十三年　竹與芝妻陳氏

葉榮蕙妻周氏　史瑞登妻錢氏

諸生施乃淑妻俞氏　監生盧惟甸繼妻杜氏

儒生吳如玉妻潘氏年二十六寡生二女無子以姪承祧置祔祭祀祠田十畝供春秋祀事持家勤儉以節孝著

陳孕相妻竹氏

陳慈山妻薛氏　陳基遠妻林氏

袁玉銘妻盧氏　增生袁玉潤繼妻孫氏年二

十五寡卒年七十

武生袁廣福繼妻張氏二十九寡歿年六十八子時慭

袁廣俊妻竺氏

袁玉慶妻周氏二十七寡六十九卒

錢敦艮妻邢氏年二十七寡葺屋茅檐躬親井臼撫猶子以綿先祀計守節四十四年

諸生錢謨治妻孫氏夫以疾卒於京邸時氏年三十撫孤成立計守節三十八年

錢芬采妻鄭氏年二十二寡事姑二十年事邁翁四十年孝敬不怠撫遺腹子一生成立教養備艱計守節四十五年

錢芳春繼妻馬氏年二十九夫逝孀閨寂弱女相依撫姪爲嗣承祧紹績計守節二十九年

儒士錢旺吳妻邢氏旺吳讀書應試病於郡寓舁歸而歿氏以詩禮名門于歸未匝歲而寡時年二十一遭家運之否依母家以居艱辛萬狀繼姪承祧尚幸諸孫之蕃熾焉現守節四十六年

儒士錢貽道妻郭氏年二十二寡勤女工敬事翁姑教猶子尊禮師傅計守節四十年

錢貽憲妻過氏官道建坊

儒士錢昌邦妻顧氏年三十寡與姑王氏俱以節著貞靜立志勤儉持家撫藐孤以成立卒煥門楣

儒士錢旺璽妻趙氏年三十三夫亡事邁姑數十年如一日黃口呱呱撫以成立備極辛勤守節三十餘年

姚建功妻竺氏居晉溪年二十六夫亡子宗華纔五月教養成廩貢試用訓導氏守節三十年卒

勞師元妻裘氏

王見和妻裘氏

王餘德妻宋氏居二都泥塘等年二十三寡現存年六十五無子

王春齡妻喻氏

王敬和妻閻氏

唐景艮妻竇氏

張慶增妻錢氏年二十六寡守節三十八年

張啟英妻俞氏撫姪守節三十四年　張啟崑繼妻袁氏居下路西

商祖節妻張氏守節五十三年　商建品妻俞氏一作史氏

商世成妻俞氏一名鳳成　丁道淮妻單氏

邢康浩妻陳氏　邢遵枚妻馬氏年二十六寡孝事翁姑教養孤兒

任協中妻王氏居石舍莊年十八歸任夫以苦讀病瘵卒時氏年二十矢志苦節躬親操作無惰容積有餘資創建宗祠祀祖及夫

儒士任協章妻王氏仝協中妻爲胞姊妹年二十三字任二十五寡不事裝飾恪守閫訓針黹不輟足不下樓里族人無一面者卽同室亦絕不聞問現年六十七繼胞姪貢生樹爲嗣

周孝林妻裘氏　周孝慈妻錢氏年二十結褵匝月夫

病亡繼姪承祀以節終卒年六十一

監生周醋冕妻林氏三十寡現存年七十三歲

周醋顯妻錢氏年二十三守節現存年六十七

周恩滿妻錢氏

周和平妻劉氏居鄭莊

劉從淶妻周氏年二十三寡家貧撫子子夭又鞠童孫現年七十歲

劉從榜妻邢氏年二十六夫亡撫遺孕子又夭撫週歲孫成立現年七十歲

諸生劉潤之繼妻周氏年二十五寡克事邁翁遺一子撫前室子亦如己出現年六十九歲

金德惟妻喻氏

李惟茂妻馬氏

李克堯妻陳氏居范油車莊

李道鉦妻史氏

李聖清妻宋氏居查郙計守節二十七年

儒士沈達傳妻傅氏矢志撫孤年六十九無疾而終

許至道妻周氏撫週歲孤知存成立　閻永興妻余氏

趙國泰妻陳氏　魏德介妻周氏

魏年德妻俞氏　宋仁菴妻周氏

竹臨渭妻唐氏居簸節鄉年二十五寡事姑撫孤孝養兼臻卒年六十一

祝高岡妻鄭氏　葛鳳春妻王氏

葉榮森妻呂氏　葉家松妻鄭氏居簸節鄉年二十二寡事姑撫孤享年五十四

邢桂松字白朝妻錢氏性孝友幼識字知大義年二十四夫亡無子遇變而能順守其常繼姪敏槐克振家聲現存年六十二胞兄壎爲立節孝傳

孝女錢桂英女

貞女趙業俊女

貞女王堯天女

貞女陳大遂女以上咸豐六年旌載越郡闡幽乙錄

監生施乃清妻呂氏

監生史濟渭妻錢氏守節十九年子三美煥美澄美倫

魏在洲繼妻盧氏以上咸豐五年憲獎載乙錄

王廷標妻張氏

張益泰妻金氏

張顯城妻邢氏

儒士宋仁寶妻湯氏居西隅撫子三監生國榮等

施嘉粟繼妻周氏

監生吳金華妻章氏居一都青年夭志守節二十餘年卒繼姪文蔚文祥成名

儒士袁木三字時棫妻錢氏居碧溪年二十九寡撫姪成立現存年六十餘

儒士袁廣交妻陳氏年二十八

夫亡撫子名時期入成均

王勳瀛子元璐妻喻氏居東陽道釣女通書史工鍼繡年二十七夫故上事耄姑下撫子女長子奕卿俾從名師歸則課讀綦嚴無何娶媳生孫相繼而亡次子奕清亦授室生孫矣既而孫媳俱夭續娶徐氏僅遺一女亦清又故姑媳狼狽苦不勝言現存年六十三

王世登妻許氏

宋仁粹妻樊氏

監生周學茂妻錢氏

儒士周紹齡妻單氏居一都撫姪和茂媳鄔氏亦寡

劉從彬妻徐氏年二十寡無子家亦貧躬操井臼勤績紡以事遘姑有勸之嫁者氏矢志益堅

丁道芝妻姚氏

丁進森妻陳氏撫遺腹子纘忠成立

任集三妻鄭氏

沈廷吉妻姚氏撫孤成立守節終身

竺盛森妻陳氏

竺盛筠妻姚氏年二十寡撫叔監生作合子成立勤劬淑愼里黨咸欽

俞作潤妻李氏居五十二都殿前莊

史積水妻袁氏年二十五寡

妻仁萃妻張氏年十九婚匝月夫故

錢我宏妻馬氏年二十二寡事尊章禮盡始終撫藐孤業兼耕讀守節三十餘年

陳世六妻馬氏年二十六寡撫孤成立計守節五十年卒

孝女俞心宏女清居五十二都殿前莊姑以親老弟幼代理家務及弟稍長姑年逾三旬誓不字勤儉所積置田三十畝附祭於父卒年八十三

孝女俞心安女三姑居殿前年十二父病劇事湯藥者二十餘年不假手於兄嫂願終身事父父以哀老病軀得享遐年姑紡績置產擬嫁後耐食父塋族有窘者鬻其妻姑聞之急給貲物使謀生妻得不鬻今生子且娶媳焉鄉里賢之現年七十三以上咸豐九年旌載越郡闡幽丙錄

舉人王景程妻竺氏居東林撫子彭鑁成立彭諸生鑁側貢

錢承恩妻史氏椎髻忘勞摩笄矢志計守節四十六年

錢紹純妻過氏守節四十三年

錢旺森妻邢氏撫子早卒孝事孀姑一門三世苦節堪稱計守志三十三年

錢萬鵬妻丁氏奉繼姑三十年教子必以義方守節四十二年

錢萬麟妻張氏撫三男成立守節四十七年

錢傳緯妻安氏門庭無違教巾幗有完人計守節四十年

監生錢芬楠妻袁氏藉十指餬口育遺孤成立茹荼集蓼人所不堪計守節三十年

王占魁妻丁氏居城都子陽春

魏素潮妻唐氏居八九十都撫子心南成家

監生吳家鉦妻高氏居一都甽塍莊撫子武生金相職員金瀛

監生錢鳳昌妻張氏居四十一都長樂鄉訓子寶珊舉於鄉氏家累世清節好善樂施計守節三十二年卒

錢世江妻鄭氏事姑孝服勤無倦志鞠子哀毅養有兼功勤女紅以起業矢清白以全貞計守節三十餘年

錢芬蕙妻過氏奉二老敬禮有加育五子劬勞殊甚計守節三十餘年

監生錢文選妻過氏年三十四寡文選病瘵氏不解帶者三年夫卒全家病疫拮据一切延醫市藥家益困月傭針黹以養姑已或累日不食不言饑嚴冬單衣不言寒終身茹冰飲檗無他志人莫不賢之計守節二十八年卒

儒士錢汝寬妻邢氏汝寬讀書應試工書法承父之教以敦厚篤敬稱卒時氏年三十五冰操益堅計守節三十年

錢學經妻邢氏年三十五寡翁承鏊卒時學經生甫七月至是氏與姑煢煢食苦事上撫下既孝且慈人稱一門雙節計守節二十四年

錢芳讓妻王氏無珠可賣供養成巧

婦之炊有土皆包藥攏代孤兒之泣守節十七年卒

儒士錢旺南妻張氏旺南讀書應試工書法賫志以歿倘幸子克亢宗妻能守志三十餘年之苦節可媲美於柏舟六十六載之清修足流芳於竹帛計守節三十餘年

錢萬雲妻呂氏守節二十二年

楊祥樹妻施氏子大錦居五十都現年七十六

高心堂妻馬氏居東隅傭工度日無子一女適諸生鄭紹國亦寡母女煢煢合城憫之

商建學妻周氏四十二都子祖炳

杜能仁妻鄭氏居五十五都年十五歸杜刲股療姑疾未幾能仁病亟亦刲股滲藥願以身代卒不起哀毀過甚氏亦夭年三十三

杜錫昌妻鍾氏撫子錢錦錢清

唐德謙妻王氏居十七都苦志撫孤

監生李啓元妻張氏居五十都撫子岐昌成立

魏三貴妻徐氏居八九十都子敦明

魏敦明妻葉氏姑媳苦守子大倫

鄭可均妻童氏

竺文貴妻施氏居五十三都善事翁姑撫子秀榮以上咸豐九年憲獎載丙錄

儒士李克鑑妻汪氏現年八十

王興懷妻包氏諸生政媳氏奉養二十年事繼姑陳氏仇氏十餘年撫子世昆成立

儒士張家鎬妻章氏並居城中二十三歲夫亡奉翁二十九年姑十一年八稱節孝

史象書妻錢氏二十九都貢生梁媳守節以終子美以上咸豐十年請旌

沈遠紹繼妻裴氏居城中現存年八十一

唐登書妻許氏撫遺孤子成立

唐德明妻單氏並居湖潭莊

唐職艮妻宓氏居棠溪莊撫孤成立

汪本仁妻袁氏居遊謝鄉嶼莊

李克孝妻徐氏居塘邱

張煒文妻祝氏

張艮景妻王氏並居大灣莊

裘明智妻舒氏居棲巖莊　諸生張涤源妻裘氏居張家莊

相有信妻裘氏居下相存年六十三　樓行秀妻裘氏

張恭謙妻裘氏並居富順鄉　李宗霞妻蔣氏居崇安鄉長坑莊

張聲沛妻倪氏居下張莊計守節三十五年

呂賢程妻邢氏居雅安莊事舅撫孤備歷艱辛卒年七十有五

監生周明聰妻尹氏居上朱莊　屠元興妻葉氏

屠秋明妻葉氏並居昇平鄉東大灣　朱燮元妻傅氏居溪灘莊

袁章銘妻章氏　楊開盛妻魏氏

王濟川妻施氏並居甘霖鎮　陳廷璧妻姚氏

陳步蟾妻沈氏　陳增智妻鄭氏

陳鶴年妻黃氏並居德政鄉　應麟彪妻范氏居崇仁鄉秀才鸞守

節四十餘年撫孤紹綱成諸生孫文嶽廩生　應佩淑妻宋氏居應家巖莊

舒祖殷妻史氏居馬家坑莊以上咸豐年間旌據採訪補

胡增錦妻黃氏　吳之讓妻裘氏

吳曾坊妻馮氏年十九寡　柴鳳山妻韓氏鳳山諸生居城西隅

陳竹鳳妻蔣氏　孫亮采妾張氏亮采監生

王思禮妻張氏　王景章妾周氏章郴州知州署府事

黃錦崑妻王氏錦崑監生　黃大來妻費氏居穀來莊家極貧年

二十五夫亡翁懼不能守勸之嫁氏不可遇歲歉啖糠餅以細粉奉翁人稱節孝歿年五十

湯悅中妻裘氏　湯鎮中妻葉氏鎮中府學生

成元芹妻陳氏

周積順妻婁氏

諸生周積楷妻沈氏年三十寡嗣姪亮節

周積模繼妻徐氏年三十寡撫二歲孤頗能成立並居城東隅模監生

樓達夢妻蔣氏

金學瑞妻楊氏

金啟熿妻徐氏

金基燿妻袁氏

金世颺妻尹氏世颺監生

董乾祥妻葉氏

趙德清妻于氏年二十九夫亡守節撫二子成立卒年五十七

馬濟泮妻黃氏

諸生馬燮妻張氏年二十五寡守節至四十五歲卒

馬素垚妻俞氏守節二十二年

沈廷藩妻袁氏

喻道賢妻宓氏年二十二寡現年六

十六居五里鋪

薛體格妻朱氏

薛鳳煥妻喻氏

薛正照妻潘氏以上已故

支公量妻祝氏年二十七寡現存年七十五公量監生

俞作滤妻邢氏居蒼巖莊作滤讀書應試遘癘卒氏年才二十孤燈苦志淑愼幽閑撫遺歲孤汝昌成貢生氏現存年五十餘

陳世貴妻蔣氏

監生孫亮采妻張氏年二十九寡貞靜幽閑善持內政妾氏張年二十二亦克矢志不茹葷喜施與

錢萬邦妻徐氏

張小帆妻吳氏

張武琛妻樓氏

張祖光妻趙氏年二十三寡

儒士張亦坎妻周氏紹烈女

張孔贊妻董氏

王良信妻應氏

王盛瑞妻陳氏

王紹伊妻馬氏紹伊監生

王朝椿妻童氏年二十五寡敬事舅姑撫遺腹女繼姪爲嗣現存年五十四

黄國成妻陶氏居穀來年二十四寡歿年七十三

邢匡儒妻周氏石下洋匡儒監生

丁載鼎繼妻童氏

金世謨妻王氏

周亮智妻吳氏年二十三寡現存年五十四

樓宗棉妻黄氏

黄董本妻董氏

董亮濟妻陳氏

董道聲妻馬氏

董道茂妻裘氏

史積産妻王氏

李振麟妻袁氏年二十五寡卒年六十一撫過歲孤聿著賢聲

馬世釗妻屠氏三十寡現年六十

馬景楥妻鄭氏十五
馬世賚妻金氏年二十一寡現年五十五
蔣洪順妻沈氏年二十八寡現年五十五
沈光岳妻趙氏
宋奕森妻婁氏
謝義妻趙氏
相和夏妻費氏居下相年二十二寡現存年六十六
鄭德剛妻呂氏居鄭家存年六十二
職員魏羽儀繼妻裴氏年二十八寡性淑愼撫前室五子如己出
鄭道純妻張氏居東隅年三十夫亡無子撫從姪爲嗣
竹遠照妻徐氏
虞貢郭佩聲繼妻張氏撫孤昭佐成名以上現存同治七年旌
張紹炯妻魏氏大灣人歿年六十二
儒士張德溥妻謝氏大灣人守

節十二年

王慶章妻劉氏慶章七品封員

王景章妾楊氏與周氏冉氏並苦守　王賢財妻金氏

馬其緒妻應氏矢志三十二年　諸生郭墀妻安氏以上已故

徐玉田妻童氏玉田議敘從九　陳于垙妻呂氏于垙監生

孫楠名在湖　妻周氏淑愼幽閒現存年七十七歲

錢萬潮妻黃氏居古竹溪年七十四　王景章妾冉氏

廩生王庚吉繼妻姚氏居城北隅家清矢志撫前室子修筠成名

史積金妻韓氏　趙允燧妻李氏

趙含章妻丁氏居小碑章職員撫孤屺瞻成諸生

唐志元妻俞氏　諸生唐晉三妻單氏並居棠溪

氏年二十六寡教子載賡成諸生卒以上現存同治七年憲獎

諸生鍾麟妻竺氏居東隅年二十寡現存年五十七年請旌

陳思泰妻孫氏乾隆時人居城中家清貧年二十九寡撫子光仁守節四十四年氏嘗孤燈鍼刺有乞火者扣門堅不啟後于死宜佛號度日計守節四十四年

陳思湘妻周氏年二十八寡

丁道淵妻竺氏撫孤干統成立

丁道淮妻單氏

鄭本崇妻俞氏

杜懷玑妻徐氏並以節著

杜永愷妻裘氏年二十八夫亡逾月產子宗奎家貧父在華接伊母子歸鍼黹度日訓子成立咸豐辛酉冬氏臥病聞城失守驚悸卒胞弟承泰上掩之至同治二年始葬實性寺西地

王名泰妻張氏夫亡悲悼瞽目以終年四十八

童廷筠女玉梅廷筠副室陳出也幼

聰穎喜讀書過目成誦鍼黹暇徧覽經史談古孝烈事甚悉家貧兄弟並出外經營女以親老病自矢終養父病亟私禱於神割右臂肉和藥進卒不起女哀毀骨立時辛酉八月也同治癸亥陳又卒七月嫡母病更亟女復割左臂以療兩次割臂不使人知及喪葬畢始疼痛出左右臂示兄嫂刀痕宛然而疾已亟矣卽於八月卒年三十歲並居城東北隅

喻學明妻張氏康熙時年二十七寡

喻之熹繼妻裘氏並以節著

佾生喻道貫妻周氏乾隆時生

撫子昌言成廩貢生

湯鳳翔妻蔡氏年二十二寡

王武奎妻仝氏年二十寡

宋仁海妻葉氏事姑惟謹撫子有成

宋讓堯繼妻趙氏紡績奉親撫姪

宋讓墉妻張氏孝盡婦道嚴訓子女

並居城西南隅

徐肇林妻盧氏年二十九寡

程廷鏞妻張氏生乾隆六十年二十六歲寡無嗣苦守歿年五十三並居城中

任承楨妻宋氏敬事翁姑封股以療夫疾夫亡後更能葬叔嫁姑撫子以成立

任崇訓妻趙氏夫亡無子憂翁絕嗣氏請於姑勸翁納妾翁年已六十餘不得已納陳氏生一女卒復勸納王氏生宗彭甫二歲王氏卒翁姑亦相繼逝世趙氏爲撫養也並居馬薮遠莊

宋寶琛妻袁氏居愛湖清節自矢

周和會妻章氏

周和獻妻俞氏並居周塘浴莊以節聞以上一都方山鄉

王慶芳餘坤子妻全氏歲進士廷獻女居仁德鄉泥塘等子均銓女菊妹

陳慈山妻孫氏夫故無嗣以苦節著

丁載旂妻袁氏適丁未周年夫死無嗣毀容勵節足不踰門者十五年歿

徐大岐妻周氏年三十寡撫子德琳德峻居瀟溪莊

沈明泉妻史氏上事下撫以節孝聞

李惟艮妻孫氏家貧撫孤

徐坤光妻裘氏年二十三寡居小溪

莊以上三四都康樂鄉

鄭宗球妻張氏善持家撫嫡子元善撫遺腹子潮海成立歿年七十九並居浦口莊

黃永海妻茹氏不苟言笑不茹葷腥撫繼子本仁成立居新建莊

孫嘉磬繼妻吳氏性好施家不中貲倡捐中渡田并助銀以建菴亭

孫明政妻周氏事舅姑撫襁褓孤

十二茹苦含辛撫孤成立並居枝溪莊

吳夢賚繼妻王氏年三十寡歿年四十並居棠溪莊

沈克芳妻楊氏遺孤三齡撫養成立並居沈家㘭

儒士葉學政妻魏氏居大屋莊

俞廷彬妻魯氏十八歲適彬未朞寡

盧亭尚妻茹氏奉姑撫孤

孫在模妻茹氏年二十八寡歿年六

諸生吳載賡妻婁氏二十六寡

監生吳光榮妻俞氏年三十寡

沈克廣妻趙氏年二十七寡

許元愷妻范氏年三十寡居下林　葉守信妻張氏敬事舅姑訓子成名

馬禶文妻茹氏撫子祿進並居上屋　黃仕朝繼妻任氏雍正時居新建

茹啟相妾許氏年二十寡居拖逢莊　趙緒松妻王氏年二十四寡撫孤業雲課耕讀不稍懈居上岡

以上五六七都崇信鄉

丁道才妻許氏年二十八寡居艮都

張廷寶妻金氏二十六寡居王明堂　竹盛泉妻周氏年二十九寡居湖頭

張吉勳妻竺氏撫孤成立居沙地　袁志成妻錢氏撫孤成立勤儉持家居黃澤莊

以上八九十都筮節鄉

丁進南妻高氏年三十寡

許新盛妻竺氏年二十四寡居許宅　王紹昌妻姚氏二十四寡居東山王

汪承悅妻丁氏年二十七寡居四青　求國治妻竺氏年三十寡計守節五十五年居求家莊

以上十一二都靈山鄉

姚佳徵妻盧氏居晉溪年十九寡新

邑呂倫爲立傳李漁郡贈句有云蓋棺論始定入土骨猶香葢確評云

姚肇德女福妹守貞不字刲股救父置田十餘畝爲祖父立塋俾姪輩輪流值祭居菖溪

竺增東妻陳氏年二十九寡

竺渭風妻王氏年三十夫故守節二十六年歿並居后山莊以上十十三四都金庭鄉

竺欽耀繼妻姚氏年二十八寡撫三歲孤成立覸前室子如己出歿年六十八

竺欽垗妻張氏年二十五寡撫遺孤子成立並居靈鷲莊以上十五都孝嘉鄉

孫海龍妻竺氏年二十二寡

黃德茂妻王氏二十五寡並居北莊

王開英妻章氏年二十五寡居東林

董紹貴妻單氏二十六寡居董塢岡

單興孝妻王氏二十四寡居張婆塢

王艮琺妻張氏年二十七寡居小柏

唐會茂妻徐氏年二十寡居唐田

王永萃妻黃氏勤紡績撫子居敏坑

唐職仁妻杜氏年二十三寡居棠溪

單仁安妻王氏事翁謹撫繼子義魁　單直清妻汪氏年十九寡並居酶溪

以上十六七都忠節鄉　任繼定妻袁氏家貧食苦撫孤成人

以節著居石沙莊　童鴻暄妻鄭氏貞靜自矢居上店

汪本純妻徐氏早寡歿年七十五　汪承均妻竹氏三十寡歿年六十三

汪天元妻徐氏二十六寡並居張嶴　張德溢繼妻徐氏廿九寡居沙園

尹天燮妻沈氏年二十六寡繼胞姪錫珩錫璜並有聲

童聲澄妻馬氏撫子名盛並居裏坂　錢維泰妻徐氏年二十四寡居謝巖

丁正書妻黃氏年二十七寡居後嶂　張亦梓妻盛氏年二十二寡以節終

張亦祥妻童氏二十九寡並居大灣　諸生周承功妻相氏年二十九

寡撫子禮鳳入太學孫樂天樂風居石頭堆莊　呂業富妻俞氏年十八夫死欲殉以

有四月遺孤黽勉撫育守節十年卒居溪後莊

俞廷瓚妻王氏年二十二寡

俞廷訓妻宓氏二十四寡並居前岡

丁道麟妻王氏勤儉持家撫孤成立

呂啟武妻張氏年二十八寡居溪後

儒士童昌耀繼妻竹氏年二十二寡夫以課讀病卒撫前室王氏子女如已出勤儉持家動不踰節居上店莊

張德恒妻屠氏年二十七寡居沙園

王世忠妻張氏年二十三寡撫四月孤修睦成立居强口以上十八九二十都遊謝鄉

王待恩妻張氏年二十九寡撫子典治興日居王沙莊歿年六十四

王興能妻呂氏家極清苦衣食給十指中一子一女賴以成立並居東樹灣莊

竹守福妻汪氏撫孤成立備歷艱苦未幾子喪媳轉醮復卵翼二孫矢節三十年居仁邨

王士綸妻錢氏撫孤盛伯守節三十六年居南嶼莊

王見和妻沈氏奉姑撫孤居大王莊

徐良玉妻張氏年二十九寡無子女苦節終身居禹溪莊

儒士馬尚綱妻童氏年二十九寡夫以課讀病瘵卒守節三十一年歿居疊石莊

以上二十一

二都靈芝鄉

董宗漢妻湯氏奉老撫孤

董復本妻徐氏撫孤育孫並居江邨　過開昌妻袁氏二十八寡撫孤成立

余言坊妻孫氏年三十寡　袁愷泮妻邢氏復旦女幼讀書知大義適袁翁姑早逝事祖姑盡孝家極貧夫病足又患腹膨氏脱簪珥具藥餌晝夜撫摩備極劬勞及卒喪葬如禮撫孤成立歿年五十三　袁怡清妻金氏事舅姑以孝著繼姑氏袁老而瘋困頓牀席六七載時姒婦早喪侍奉湯藥無旁貸後於溽暑得下疾晝夜拭穢雖身染疾勿顧焉鄉黨中咸歎異邢復旦爲立孝婦傳　袁錦尚妻壽氏幼撫於外祖母盧氏病禱於神刲股以療之病愈後適袁翁良年六十生惡瘡幾殆氏亦刲股療翁病輒愈祖母馬氏年八十

三病臥床者三月氏拭穢無厭苦人謂其有至性云

袁恒鴻妻應氏孝養翁姑慈愛子女

袁文銳妻史氏年二十八寡

袁耀福妻魏氏年二十二寡敬事姑

袁懋炳妻相氏年十八寡

袁恒慶繼妻竺氏年二十一寡

袁元法妻任氏年二十九寡性嚴肅言笑不苟撫藐孤教養兼至　以上二十三四都崇仁鄉

胡道顯妻翁氏二十二寡居宋家敦

馬素溶妻袁氏年二十七寡子志悌

增生馬坰繼妻宋氏三十寡子增生錫蕃

監生馬志璟繼妻屠氏三十寡子監生亦鴻

馬志綱妻竺氏年三十寡繼子亦臣並居仁邨

袁紹明妻應氏年二十四寡繼子嗣強居袁巖

馬其汸妻張氏年三十寡

朱高崇妻馬氏年十八嫁未及朞寡與姑誦經度日歿年六十餘並居西山樓莊

王明謨妻胡氏年二十七寡居泥塘　任明輝妻馬氏年二十三寡奉上撫孤居柳岸莊

馬志親妻裘氏年二十九寡守節三十四年以上二十五六都孝節鄉

陳發隆妻孫氏年二十七夫亡撫四齡孤大德成立後大德五世同堂居淡山莊

張煥萼妻黃氏年二十四寡居張家

舒河清妻張氏二十五寡居馬家坑　裘奠初妻周氏年十七夫亡攜孤振采歸母家守節十餘年歿

裘志明妻張氏二十八寡壽八十六

監生裘名成妻祝氏年二十八夫亡撫子葆初蘭初成立歿年六十二並居崇仁鎮以上二十八九都永富鄉

張能杰妻竺氏二十五寡歿年六十

張能純妻沈氏年二十四寡歿年四十五並居富順莊

史濟源妻樓氏年二十七寡居前邨　金元千妻王氏年二十九寡

金茂潮妻謝氏年二十七寡並乾隆時生人居金貂嶺下

馬濟泮妻黃氏年二十三寡居馬邨　馬有倩妻金氏年二十五寡居城后

錢德顯妻周氏年二十七寡歿年四十八以上三十一二都富順鄉

郭宗鎬妻屠氏二十四寡壽四十六　裘國詔妻斯氏年二十九寡居下王

錢蛟靈妻裘氏二十七寡壽四十八　錢蛟揚妻袁氏二十八寡居古竹溪

范善譽妻王氏二十七寡居范油車　儒士樓啟敬妻裘氏二十四寡

樓仁恕妻張氏繼姪啟楨並居樓家　王兆滿妻樓氏年二十八寡居蔦坑

邱壽先妻盧氏年二十五寡撫子勳揚居九里礌莊以上三十三四都崇安鄉

裘祥復妻黃氏繼子柏松居前白竹　吳子溪妻戴氏年二十八寡居渭沙

劉漢廷妻宋氏年三十寡　陳殿蕃女華妹年八歲父母歿兩弟皆幼有議婚者女皆不字旋兩弟又相繼歿無諸姪置祠祭父母田十餘畝閨範嚴肅鄉里賢之同治初歿年六十餘居下城莊

張永成妻錢氏守節四十年

張慶燦妻周氏守節二十五年　張慶趾妻邢氏守節十九年

商祖銘妻王氏守節四十九年以上三十五六都羅松鄉

邢洪惠妻應氏二十七寡歿年五十　應方釗妻胡氏食貧撫孤謹事邁姑媳錢氏相繼守節克嗣徽音

劉正富妻錢氏敬事邁姑居橋頭莊

邢端鳳妻周氏奉姑撫孤長齋苦守　邢安姜妻錢氏二十四寡壽五十四

邢安詩妻黃氏事姑撫孤　邢績三妻周氏刲股療姑病

邢渭祥妻王氏王景章女初隨父湖南任所母病劇諸醫罔效潛禱於神割股肉以療病

得廖錢錦山爲立孝女傳後歸邢僉稱賢焉

邢啟强女尚妹幼知書善音律以母老矢志不嫁年三十二時母氏錢建陽山書院尚妹臨終白其母以奩田三十畝傾入義塾並居橫店莊

劉建潮妻過氏年二十六夫亡撫孤國治成立居水竹菴以上三十八九都太平鄉

諸生過一鑑繼妻錢氏宅前

錢我增妻周氏二十七寡紡績撫孤

儒士錢鶴林妻裘氏年二十寡姑病風攣侍奉三十年無倦紡績課子蓉瑞與叔讀書成諸生氏卒哀毀骨立人稱一門節孝惜蓉瑞亦不永年也

錢世相女桂英母氏張蚤卒事繼母邢封股療疾創重幾殞命人無知者時年十四後父病歿哀毀成疾逾年卒以上四十四十一都長樂鄉

周恩烑妻劉氏三十寡歿年六十六

周孝原妻邢氏年三十寡歿年六十六以上四十二都開元鄉

張傳通妻商氏二十八寡居上路西

葉榮韜妻裘氏年二十五寡守節至

三十九歲歿以上四十四五都積善鄉

呂正賢妻俞氏年二十九寡

呂正鎔妻何氏年二十八寡

呂元楚妻張氏孝事翁姑善撫繼子

呂正身妻支氏年二十五寡撫子學才並居黃勝堂

高登科妻周氏年二十七寡居高家

孫紹錦妻沈氏年三十寡撫子榮貴

錢繼耀妻施氏年二十八寡子士俊

諸生錢繼高妻孫氏年二十九寡撫子士釗孫錦城並居甘霖鎮

袁時忠妻謝氏二十九寡居黃箭坂

魏訓慶妻周氏年二十二寡居湖頭

求大任妻支氏年二十六夫亡矢志

求大覺妻趙氏以節著並居求家坳

張允恭妻吳氏青年矢志撫姪爲嗣

以上四十六七都桃源鄉

支公卿妻商氏年二十一歲刲股救夫夫卒姑遇之虐奉事惟謹者四十三年居支鎰路

王欽翰妻竺氏守志撫孤居白泥墩

袁繼海妻黃氏居招龍橋　黃賢魁妻袁氏年二十八寡
黃士貴妻李氏二十四寡並居查郵　史致相妻張氏年二十二寡居浦橋
李道科妻喻氏年二十一寡居後朱　李聖才妻袁氏年二十七寡
張源燗妻裘氏二十六寡撫成遺孕　張遠美妻裘氏廿七寡守節三十年
諸生竺家瑞妻周氏年三十寡歿年五十並居範郵
張義均妻錢氏年二十二寡咸豐辛酉冬殉難年五十八子有原居雅堂　以上四十八

九都清化鄉

謝世耀妻許氏年二十九寡居江夏
周辰績繼妻金氏年二十八寡　監生范勤禮繼妻任氏
監生范勤德妻張氏並居孟愛　袁肇湘妻屠氏二十五寡居光明堂
李克殿妻屠氏二十三寡歿年五十　張聖清妻胡氏年二十八寡居寶溪

李道金妻袁氏年二十八寡居溪口　周益智妻王氏居八宿屋撫子孝恆

俞作新妻袁氏年二十八寡居蒼巖　俞作義妻王氏年三十寡居殿前莊

丁年相妻張氏　袁章典妻王氏年二十八寡撫子玉

振王佩居孟愛莊以上五十五十一二都禮義鄉　湯廷豪聘妻史氏十九歲未婚夫亡過門守節繼伯廷敬子天祥天聖爲嗣歿年六十六居茶坊莊

俞作勳妻竺氏年三十寡孝奉翁姑慈育孤子鄉里頗稱其賢德歿年五十二歲居蒼巖莊

周禮獻聘妻竺氏燕窠莊學高女年十八聞夫故過門守節事翁昌錦姑俞氏以孝著道光丁亥卒年三十四居潭過莊以上五十三四都昇平鄉

杜我鎭妻孫氏年三十寡

吳鳳儀妻陳氏年三十寡　吳傳宗妻董氏家貧傭工撫孤成立

吴業燦妻秦氏二十九寡歿年五十六

吴裕銑繼妻章氏年二十四適銑七旬銑疾作越九日卒氏孝奉邁翁撫前室子之琳成立歿年四十四

吴勳妻陳氏年二十七寡並居三界

王敬和妻閻氏年二十六寡居康坂

吴浩然妻陳氏二十七寡居楓樹嶺

王殿卿妻鄭氏年二十六寡居三界

吴裕鳳妻張氏歿年六十三居三界

鄭兆南妻閻氏年二十寡並居長橋

吴鳳英妻錢氏歿年六十六居三界

鄭宗源妻葉氏食力撫四歲孤成立

張祖亨妻鄭氏年二十七寡子宜繩

張棟妻胡氏二十八寡歿年五十七

吴升宁妻鄭氏廿九寡並居楓樹嶺

錢克忠妻陳氏事上撫下以節孝聞

錢克顯妻杜氏刲股療姑慈撫二子

錢祁璧妻陳氏二十九寡撫子宗舜

錢蘭田妻黃氏善事繼姑撫子杏林

並居茶園頭莊

沈傳誥繼妻嚴氏奉邁翁姑撫前室子如已出守貞十七年鄰里鮮聞見其人

沈秉直妻陳氏撫子培枝

沈建滿妻金氏無子止撫二女

沈瑞麟繼妻閻氏康熙時八年二十九寡久事翁姑撫子茂槐邑人吳啟熊爲立節孝傳並居沈塘莊

張集繡妻龔氏久事舅姑撫子聖昌

張子振妻葉氏撫子德英德本

張臯妻孫氏年二十六寡撫子昆三

張周正妻陳氏事翁撫子居淸水塘

杜東來繼妻金氏年二十八寡撫子世元世昆居杜家堡以上五十五都德政鄉

張文與妻孫氏年二十九寡

張武臣妻蔡氏二十六寡並居王城

樓達蕚妻蔣氏年二十二寡居巖潭

羅籍榮妻李氏年二十六寡居莫嶼

孫凝家妻張氏年二十二寡刲股療夫不愈守志撫子觀志成立

孫芳劍妻鄭氏足不出門食貧苦守　孫顯名妻馬氏奉姑繼姪

孫凝祉妻丁氏年二十二寡　孫芳欽妻吳氏年二十九寡撫子明松並居孫嶼莊　王錫賜妻于氏年二十六寡

王思禮妻張氏年二十九寡撫子品三俺三成立並居上王莊

吳顯高妻葛氏年二十二寡撫三歲遺孤成立居吳嶼

董復羲妻杜氏年二十九寡撫孤宗鎬成家居芝塢山莊以上五十六都東上鄉

章岐泉妻劉氏見居城中勤績撫孤　汪天漢妻袁氏撫子克襄

汪天凝妻宋氏矢志撫孤窮極益堅　沈錫慶妻尹氏蓬頭垢面矢志靡他撫繼子金奎成立　周亮夏妻吳氏

諸生鄭紹國妻高氏必望女年十九夫亡無子與寡母傭上度日母卒益困苦不堪

現存年四十三

李廷元繼妻陳氏年二十六寡

十二並居城東北隅

女勤自太姑薛氏姑喻氏至氏一門三節

儒士王炳鑒妻潘氏孝事翁姑撫子宣獻尊達成名現存年六十三歲

童廷章妻王氏年三十歲寡

廖海兆妻黃氏年二十七寡

盧賡領妻薛氏並以節聞

桂正勳妻姚氏以節聞

嫡二女稱善繼姪忠杰娶媳生孫

李維潮妻唐氏紡績撫孤

宋世林妻金氏年三十寡現存年六

王奕清勳瀛于妻徐氏事姑謹勖

朱敦粹妻李氏事親撫孤家貧自守

李繼銓妻謝氏年二十二寡

盧華發妻鄭氏善事姑病撫姪維翰

薛茂椿妻賈氏諸生貞女撫孤成立

喻道宏妻林氏生子夭嫡痛絕氏撫

喻忠杰道宏繼子妻袁氏夫故時家

徒四壁上奉庶姑下育子女衣食住居悉從縫紉中來此節婦之最苦者

李錫芳妻孫氏以節孝著

鄭基璉妻喻氏年二十八寡奉翁姑二十餘年並居城西南隅

儒士章功錬聘妻竺氏生道光十三年咸豐二年五月功錬病故氏聞訃奔喪及葬父勸之歸氏守制不返善事翁諸生聯標姑周氏翁姑殁喪葬盡禮後夫弟功鉅與妻並殁氏子身苦守里鄰惻側覌繼姪建生爲嗣居章都衖

周金枝妻劉氏居周塘沿莊

吳增修妻葉氏居嵊塍莊並一都

喻忠治妻竹氏

喻孝棠妻王氏並以節著

盧宣治妻魏氏撫子德鈞德勳

趙堅惠妻唐氏並居石板頭莊

王餘坤子有亨妻竹氏年二十五寡撫子慶芳成名並二都仁德鄉

尹天全妻竺氏子死媳醮誦經度日

陳繼楊妻沈氏毀容誓守撫孤成立

林寶琛妾張氏生子本宏在繈褓其嫡室吳撫育成人後嫡死矧若撫孤勤不踰禮

鄭元煒妻王氏姉若撫孤　朱嘉才妻鄒氏年二十三寡

朱嘉宰妻俞氏年二十餘寡並現存年六十九居何家邨

林喜志妻陳氏年二十九寡守節二十五年居蔣家埠莊　以上三四都康樂鄉

鄭成秀妻王氏年二十九寡居浦口　張元鑑妻王氏辛勤守節

葉守倈妻吳氏二十八寡並居上林　葉守儉妻王氏年二十七寡

應志秀妻吳氏撫孤守節矢志堅貞　葉守三子自剛妻孫氏撫子滋本名列成均並居大屋莊　吳如槐妻鄭氏年二十九寡

吳雲慶妻王氏年三十寡　吳如霖繼妻姚氏年二十寡

拔貢吳鵬飛繼妻王氏年三十寡並居棠溪

沈克剛妻章氏年三十寡居沈家衖孫明楙繼妻姚氏婚未朞寡撫前室子德崧僅四齡不落所生孫在國女閨貞性至孝以親老不欲字人或議婚輒泣阻父母憐之撥田十餘畝以贍其老現存年七十六計善事父三十年事母三十五年垂居枝溪莊

以上五六七都崇信鄉

章道元妻王氏撫子義清居塘頭

魏咸鋐妻金氏年二十五寡居湖頭魏年貴妻俞氏守節四十一年

黃忠岳妻王氏年三十寡居柏樹塘金全春妻楊氏二十三寡居王明堂

袁玉愷妻周氏年二十五寡居石橋魏建裕妻竺氏二十一寡居白泥衖

唐惟周妻葉氏撫孤孝清成立奉孀姑氏宋一門雙節居下唐莊

胡榮貴妻王氏家貧傭工撫子茂雲成立居胡宅

竹昌淇妻童氏年二十六寡居東郭魏本丞妻王氏年二十六寡居周家

坂莊以上八九十都箴節鄉　王盛源妻吳氏撫子貽貴居東山王

王世尊妻魏氏無子精女工度日　屠奎勞妻李氏撫藐孤成立居台與

單午勞妻屠氏家貧傭工撫孤成立以上十一二都靈山鄉

王小毛妻竺氏二十九寡居馬家塘　姚祥耀妻吳氏年二十七寡居苔溪

竺欽岳妻姚氏年二十寡　竺松年妻呂氏年二十八寡並居后

山莊以上十三四都金庭鄉　王忠老妻唐氏年二十五寡居北莊

王開林妻吳氏年二十九寡居東林　董承耀妻單氏二十九寡居董塢閘

王英彩妻竺氏年二十寡居深溪塢　王乃慶妻姚氏年二十七寡居箬坑

翁紹縉妻王氏年二十八寡居大坑　王正槐子方文妻蔣氏年二十三

寡三世完貞居小相莊　陳孕沛妻王氏年二十六寡居嶺下

唐友㘴妻單氏年二十七寡居唐田　王協中妻許氏奉翁撫孤居蘆田

單自興妻王氏紡績撫孤居石門　唐步安妻童氏年二十八寡居棠溪

以上十六七都忠節鄉　貢生任渭妻吳氏苦節著名

貢生任渭妾江氏性賢淑現同嫡吳氏年俱五十居石沙莊

俞玉林妻竹氏年二十一寡居東谿　徐東曜妻王氏居沙田莊

單之才妻王氏性堅執以節著　江宣德繼妻竹氏妾氏姜同守苦志潔年四十四嫡猶白髮完貞云居張嶴莊　錢德法妻屠氏年二十九寡居謝巖

趙禮佩妻周氏撫孤景煬居前岡　尹慶周妻李氏年二十入寡

沈達望妻王氏撫子紉初成立並居裏坂

丁千喜妻裘氏撫子女艱苦備嘗居後嶂莊

王利宮妻魏氏年二十七寡孝事翁姑撫孤貞松居碑山莊以上十八九二十都遊謝鄉

王繼能妻孫氏年二十八寡　王繼豐妻吳氏年二十寡並居康坂

監生沈達海妻吳氏居沈家灣　朱興善妻徐氏二十三寡年六十四

朱周易妻傅氏並居李家浦　竹澄清妻居氏事上撫下居仁邨

沈達沐妻竹氏年二十三夫出亡守志現存年五十餘居沈家灣莊

沈行信妻房氏年二十七寡子成章　祝仁興繼妻傅氏事姑孝教子嚴

李道堃妻王氏奉親撫孤並居祝塽　鄭成宗妻魏氏食老撫孤居鄭家

王盛瑞妻陳氏敬二老撫四子　王盛周妻魏氏孝於姑慈於子

王盛化妻吳氏事姑訓子並居南嶼　徐大有妻龔氏年二十四寡現存年七十居馬嶼以上二十一二都靈芝鄉　陳文祥妻張氏居嶺頭山

裘忱豪妻張氏年二十四寡　裘怡艾妾俞氏年二十七寡

裘兆杞繼妻相氏年二十七寡　監生裘道元妻張氏年三十寡

諸生裘愷悅妾湛氏年二十九寡撫子素旺成立

裘岐山妻周氏年二十八寡　裘德新聖樑長子妻袁氏年三十寡撫遺孤婚娶後相繼俱夭絕氏隻影煢煢垂白無依氏命逮氏節苦矣

裘耀仁妻張氏奉姑孝治家嚴撫孤成立矢志堅貞居溪灘莊

諸生裘若瑗妻史氏年二十九寡　裘觀傳妻范氏年二十八寡

裘顯炳妻張氏無子敬翁姑睦妯娌　裘尚粹繼妻袁氏年二十三夫亡

監生史彬妻馬氏年三十守志奉尊章和妯娌孝敬倍至居家有禮法迄今孫登仕版遊泮水皆氏節孝之遺蔭焉

監生史瑞鄴妻裘氏夫亡守志

史濟瀛妻袁氏年二十七寡以上二十三四都崇仁鄉

費立智妾裘氏年三十寡居趙馬莊　王學憲妻徐氏二十九寡居上家厂

李維煥妻裘氏幼嫻梱範孝奉翁姑居李家宅

沈正晃妻汪氏久奉姑撫三子成立　沈明誠妻邢氏年二十六寡善撫孤

沈明高妻王氏年二十四寡善撫孤　沈善炳妻周氏撫孤傳煦辛酉陣亡形單影隻實堪閔側並居趙溪莊　李惟懋妻高氏撫孤有存居柳岸莊

馬志品妻裘氏年二十寡撫二子亦茹亦濂有成居仁邨以上二十五六都孝節鄉

應欽鰲妻裘氏年二十四寡　應佩羔妻張氏廿三寡並居秀才灣

張嵞模妻朱氏二十六寡居三畝樓　諸生史翼繼妻吳氏年二十九寡以節孝聞以上二十八九都永富鄉　樓仁覆妻張氏二十二寡年五十四

樓仁瑩妻張氏十九寡現年五十一　樓仁泮妻金氏二十九寡現年五十

張繼周妻黃氏二十四寡現年五十　張昌林妻黃氏年二十八寡現年六十二並居富順莊

張昌鳳妻黃氏二十八寡居箬帽墩

馬素錦妻裘氏乾隆時生人撫子志藥居仁村

黃賢佐妻裘氏年二十一寡居砩頭　王艮興妻應氏年二十九寡居穀來

董武炘妻馬氏年二十一寡居城后　裘德楷妻馬氏歲貢鍾媳年三十寡

錢明林妻裘氏年二十九寡撫子乾燦乾貴乾榮

錢世員妻俞氏年二十四寡撫孤明煌並居前郁以上三十一二都富順鄉

錢登孝妻張氏二十二寡居羅村　蔣甯康妻黃氏年二十二寡居王家

商國林妻鄧氏紡績事翁姑數十年　裘光繩妻張氏年二十六寡居下王

沈名法妻王氏年二十六寡勤紡績養翁姑撫子積誠居泉塽

黄忠元妻裘氏三十寡現年七十七　黄艮金妻周氏二十七寡並居蔡墅

范用漢妻錢氏年三十寡居范油車　樓仁勇妻周氏年二十九寡居樓家

以上三十三四都崇安鄉　王洪法妻張氏年二十八寡子大信

王洪魁妻商氏年三十寡並居石璜　王權椿妻李氏事親撫姪居趙宅

王運珖妻黄氏年二十九寡現存年七十三子紅泉居孔邨

馬英連妻張氏年二十三寡事姑訓子以上三十五六都羅松鄉

黄希泰妻商氏年二十五寡　黄希增妻錢氏二十三寡並居江下

樓艮金妻周氏二十二寡居若竹莊　儒士錢福超妻俞氏二十八寡

王祥海妻劉氏年二十九寡居董邨莊以上三十七都剡源鄉

呂知寶妻錢氏年廿六寡居黃金叢　王洪裕妻馬氏年二十九寡居崑溪
邢遵淼繼妻錢氏妾王氏遵淼元配入貞烈祠繼室憲樊妾年二十寡撫子華
賢有成以上三十八九都太平鄉　錢世暘繼妻姚氏年二十六寡苦
志事姑百折不回　錢昌裕妻陳氏二十九寡現年五十
錢旺渠妻胡氏二十五寡現年五十　過藺鍾妻朱氏年三十寡居梓溪
過開卷妻錢氏年二十五寡居宅前　錢伯松繼妻周氏年三十寡
錢我楷妻呂氏三十寡現年五十五　錢謨材妻金氏年三十寡現年五十
錢艮謀妻宋氏年二十九夫亡矢志孝奉翁九年姑二十五年氏現存年六十二以上
四十四十一都長樂鄉　周從本妻黃氏年二十八夫亡事舅
姑撫遺孤以節著　歲貢生周敬丹妾樓氏撫孤

早夭又撫孫爲人皆惜之　周恩寰妾陳氏二十七寡年五十八
周葉珍妻錢氏年二十九寡　周孝槐繼妻金氏存年五十七
周友箴妻錢氏年二十八寡　監生周枚妻錢氏年二十八寡
鄭建奎妻史氏年二十九寡奉親撫孤居昧溪以上四十二都開元鄉
史濟坤妻張氏年三十寡　周蔚三妻馬氏年二十八寡
周和音妻陳氏二十六寡並居鄭莊　張九皋妻黃氏年二十五寡居路西
錢芳芮妻張氏年三十寡居張家　鄭祖鎔妻李氏年二十七寡撫子金
清居湖頭莊以上四十三都繼錦鄉　張生茂妻王氏二十九寡年六十一
周醩蛟妻鄭氏二十七寡現年七十　張高甡妻陳氏年二十二寡並居下
路西莊以上四十四五都積善鄉　呂福坤妻王氏二十三寡居黃勝堂

尹嘉玉妻王氏年二十八寡居尹家　錢宏濂妻陳氏撫子繼榮居甘霖鎮

徐金法妻趙氏年二十六寡居東王　高祖舜妻任氏年二十九寡居上高

袁時清妻章氏二十九寡居黄箭坂　張思剛妻裘氏家貧守節奉老撫孤

宋萬寶妻周氏二十九寡居鴨舍坂以上四十六七都桃源鄉

史善燮妻袁氏廿四寡現年五十二　吳德容妻黄氏年二十八寡居江田

王宗亢妻金氏二十二寡居白泥墩　黄顯中妻劉氏年十九寡居查邨

王天祿妻李氏年一十六寡居後朱　俞泰松妻徐氏年二十九夫亡子殤善事翁姑二十五年現存年七十歲居浦橋　支公啟妻袁氏年三十寡居支鑑路

袁玉森妻俞氏年三十寡矢志靡他撫子三邦英榮成立居東山頭邨以上四十八九都清化鄉　史積化妻裘氏年二十一寡孝舅姑

訓猶子居搗臼升莊李登魁子道金妻張氏與姑袁氏一門雙節居溪口莊

俞香林妻陳氏年二十三寡

俞存浩妻陳氏年二十九寡

俞作餘妻宋氏年二十三寡

俞維儀妻魏氏年二十五寡子協棟

儒士俞作璋字達三妻張氏錫齡女氏年二十適俞作璋善讀書工制義赴府應試以病卒於寓氏婚纔三載哀毀骨立幸撫孤紹袁今已成立焉並居蒼巖莊

張培灝妻喻氏年二十九寡居寶溪

陳武潮妻沈氏年三十寡居嶸嶺莊以上五十五十一二都禮義鄉

全金惠妻吳氏年二十九寡居潭過

袁廣屋妻竺氏年二十二寡居碧溪

單天品妻宋氏二十七寡居馬路堂

馬學榮妻施氏上事下撫居下馬莊

竺紹治妻屠氏年二十六寡現存年七十二以上五十三四都昇平鄉

杜庭美妻吳氏居三界繼姪嘉泰

吳之溶妻張氏年二十八寡居三界

吳賢棟妻鄭氏二十四寡撫孤成立

沈名高妻王氏存年八十六撫二孤成立備嘗艱苦現今四世同堂焉居前嶼莊

鄭法周妻陳氏年二十九寡

鄭天然繼妻梁氏天然屢試不售鬱鬱死氏攜子寄食小姑家傭工養子取媳成家焉

鄭祥風妻陳氏久奉翁撫子紳成立

鄭之田妻陳氏年三十寡節居長橋

張宜繩祖亨子妻王氏居清水塘

陳家治妻傅氏二十六寡現年七十

陳紹美妻祝氏事邁翁姑撫遺腹子子又夭同媳沈氏撫弱孫成立僅居前巖莊

龔德茂妻劉氏家赤貧奉姑撫孤無怨言避難拾金尋還不私現在長興地施茶柴水粥親行人感之居大嶼莊

張朝綱妻鄭氏撫子鳳鈞秉鈞化鈞成立

張賢豪妻黃氏上事翁姑下訓孫子

張丹鳳妻陳氏年二十三寡撫子愼元奎元成立現存年六十並居淸水塘莊

沈允中妻張氏年二十寡家貧紡績奉翁姑撫遺孤鳴鶴職員鳴竹監生居溪灘莊

開立治妻馬氏年二十八寡無子苦守居溪頭莊　以上五十五都德政鄉

張武琛妻樓氏年十八寡　張孔贊妻董氏二十五寡並居王城

諸生樓景川妻韓氏居顯潭莊　孫繼相妻夏氏奉翁惟謹繼子虛齋

孫亦均妻鄭氏二十三寡並居孫嶴　王立春妻戴氏年二十八寡居上王

馬聖魁妻黃氏二十三寡並居馬溪　杜心善繼妻任氏居杜家堡

蔡啓運妻胡氏孝養翁姑撫子繼文成立居東郮　以上五十六都東土鄉

以上已故現存節孝婦女同治九年請旌

章恕堂妻張氏歿年七十二　鄭立信妻應氏勤儉持家貞聲素著

孫世彰妻陳氏三十四寡歿年六十　沈天眞妻童氏三十二寡壽五十六

盧廷蘭繼妻史氏年三十二寡歿年五十三並居城東北隅

高楚材妻厲氏年三十五寡　李尚蕙妻王氏年三十三寡撫子紀倫成立居城西南隅

王有亨妻喻氏撫子餘坤居泥塘等

王武仁妻朱氏年三十一寡茹苦撫孤以上仁德鄉

監生丁章之妻張氏乾隆時人事姑撫孤言笑不苟計守節三十二年居過港

徐安域妻茹氏子殤媳嫁以苦節終　增生婁承欽妻童氏年三十五寡繼姪爲嗣以節終居官塘莊

童國選妻呂氏三十五寡紡績撫孤

丁載模繼妻竹氏年三十四寡撫子振鴻振雁以上康樂鄉

金聖瑛妻商氏撫孤守節居上江莊　周有惠妻鄭氏撫叔子兼三成名

孫在松妻章氏家貧撫子以苦節聞　孫明煜妻竹氏無子藉女工以存活並居枝溪莊　吳恆足妻魏氏年三十五寡

吳金櫻繼妻王氏年三十五寡　監生吳金臺妻王氏孝姑教子

吳金葵妻翁氏年三十一寡　吳金冶妻顧氏三十二寡並居棠溪

黃國泰繼妻蔣氏年三十四寡　黃永譽國泰子妻任氏刻苦成家撫孤成立居新建莊　茹士俅妻孫氏年二十一寡居拖塍

葉自剛妻孫氏居上屋莊撫子守省守三　以上崇信鄉

丁道甡妻龔氏年三十五寡居艮郗　魏盛豪妻姚氏年三十四寡居趙家

沈艮悌妻錢氏年三十一寡居下唐　魏可治妻陳氏清苦守節年七十二歿撫子年聖成立

諸生魏渠成妻俞氏

廩生魏蘭汀妻樓氏年三十三寡繼叔子福生爲嗣善事翁姑出已貲刻夫夢香存稿并祔主越郡詩巢並居湖頭莊以上並節鄉

丁顯治妻魏氏年三十三寡

丁升明妻李氏年三十一寡撫子洪烈洪松洪獻成立並居靈山鄉許宅

姚培音妻陳氏年三十三寡守節四十一年撫遺腹子成立

姚桂春妻王氏年三十三寡撫孤成立並居晉溪莊以上金庭鄉

周承問妻竺氏歿年八十二居安濟

王方交艮琺子妻姚氏居小柏莊

周學彪妻於氏年三十三寡居湖潭

唐欽明妻王氏終身茹素撫子友國居唐田莊

唐職鍊妻杭氏年三十一寡撫子步嵩步龍歿年八十五居棠溪莊以上忠節鄉

任績嘉妻尹氏三十五寡家貧誓守無二持身不苟居石沙莊

童聲韶繼妻李氏撫孤名泰居裏

坂莊　徐傳文妻王氏年三十一寡

儒士徐自錦妻袁氏年三十四寡撫子開益孫春榮成名歿年七十四並居白巖莊

俞金高妻王氏年三十二夫亡守節八十餘歲歿居車衕莊

李克耀妻童氏年三十三寡居唐坵　張良鼎妻李氏年三十五寡居大灣

丁干宰子道麟妻楊氏事寡姑撫遺孤備歷艱辛人稱一門雙節居張墅莊

張德治妻葉氏撫遺腹子以苦節終　張之基妻徐氏奉老撫孤並居沙園

竹澄瀚妻王氏年三十一寡　竹澄茂妻任氏撫子三模傳模松模遠歿年六十九並居仁郗莊以上遊謝鄉

何德泰妻馬氏年三十一寡居石門

應佩稱妻俞氏居應桂巖以節著　裘光和妻張氏廣修廟宇建造涼亭居溪灘莊以上崇仁鄉

馬義佳妻張氏康熙時人年三十一

寡撫子允達允才允憲居西山樓

沈正春妻費氏事上撫下居趙溪莊

李家琮妻屠氏勤儉撫孤惟艮惟善有成居後岸莊

以上孝節鄉

張樹椿妻應氏事姑撫孤茹素終身

儒士張本傳妻支氏年三十二寡紡績育遺孕慈嚴並濟

張樹豪妻孫氏年三十二寡

張培政妻徐氏年三十四寡

張行信妻馬氏繼姪爲嗣並居張家

儒士費華承妻張氏居趙馬

裘道顯妻張氏撫二子敦義敦豪

裘功績妻錢氏年三十三寡

諸生裘曰翠妻馬氏三十五寡

金彥賓繼妻汪氏年三十四寡

增生裘登成妻沈氏三十五寡

裘雲初妻邢氏歿年五十三

裘亨元妻宋氏歿年六十七

裘道伸妻過氏年三十四寡

裘聖櫞妻馬氏奉邁姑撫子德新

監生裘恩銘妻金氏孝養舅姑以上永富鄉

張恭位妻陳氏歿年七十二

張行忠妻應氏年三十四寡歿年七十四

黃純玉妻裘氏守節十九年撫子艮傳有成以上富順鄉

張必槐妻周氏年三十五寡居半程

張家暢妻黃氏歿年六十三居埼坑

樓行懋妻王氏歿年八十居樓家

范善法妻錢氏歿年七十九

范士佐妻史氏年三十三寡歿年七十七並居范油車莊以上崇安鄉

張忠勳妻錢氏三十四寡歿年七十

張榮林妻葉氏年三十五寡赤貧無子敬事翁姑並居新屋

張慶佩妻黃氏年三十三寡守節二十三年

張慶銘妻沈氏年三十二寡守節二十三年並居下張莊以上羅松鄉

監生錢世安繼妻丁氏年三十五寡居山口

嚴成章妻張氏年三十一寡歿年六十一居棗園莊以上剡源鄉

州司馬邢溥妻史氏孝養舅姑姑病禱於神封股肉和藥以進鄉里賢之

儒士邢彖軫繼妻錢氏善事翁姑苦育子女並居沃磯

邢孫綱妻錢氏歿年八十一居墈頭　王洪訓妻劉氏孝翁姑繼姪居崑溪

邢彩玖妻錢氏康熙生人居橫店莊　劉達法妻王氏歿年七十八以上

太平鄉

錢傳綱妻史氏奉親訓子勤儉持家

居長樂鄉

周恩廣妻呂氏歿年六十八

周孝運妻竺氏歿年七十五　監生周允文妻錢氏壽六十六

周仁睿妻葉氏歿年六十五　諸生周漢倬繼妻裘氏年三

十一寡姑歿年五十三以上開元鄉

周恩濤妻宋氏年三十五寡孝事翁

周和風妻喻氏居繼錦鄉鄭莊

史兆志妻錢氏居蔡山灣

諸生張啟望妻馬氏歿年八十

張高釗妻孟氏並居下路西莊

諸生周吉士妻金氏居上朱莊

宋紹鏜妻張氏歿年七十四居宋家

張公巨妻胡氏歿年八十五居西王

莊以上積善鄉

鍾元奎妻袁氏年三十五寡子文標

錢芳義妻張氏年三十五寡歿年七十一並居甘霖鎮以上桃源鄉

李作蛟妻曹氏歿年七十二居杳鄭

監生張烈妻鄭氏守節二十六年

竺孝芹妻沈氏孝事衰翁義方訓子

竺光越妻王氏守節二十八年並居

範鄭莊

吳錦峯妻徐氏

吳積淇妻史氏三十一寡歿年五十吳積淞妻費氏撫孤成立並居江田

史積勤妻陳氏年三十二寡居浦橋撫子善鑑以上清化鄉

陳敬鰲字華慎妻史氏歿年七十撫子葉根成立居嶺根莊

沈艮備妻屠氏歿年七十三撫子世桂居麗湖莊

周佩珊妻陳氏歿年七十一撫子占魁居八宿屋莊以上禮義鄉

儒士袁廣連妻謝氏子時潤監生袁茂爵繼妻吳氏年三十五寡撫前室子廣漢如已出子廣淮並居碧溪莊全聲洪妻張氏年三十四寡居潭過莊以上昇平鄉

吳三益妻王氏卒年六十六

廩生萬士龍上虞籍妻鄭氏忠孫妹歿年五十一並居三界

鄭庠英妻沈氏夫亡撫子撫姪成家鄭才源妻盧氏歿年五十九

鄭秀棠妻吳氏撫子端生王戌被擄　吳升堂妻鄭氏撫子會萃居楓樹嶺

沈道隆妻王氏夫亡守志以節終　錢祁謨妻張氏康熙時生年三十五寡撫子宗聲宗郝成家歿年六十九

錢祁本妻王氏雍正時生繼子成立

錢英敏妻徐氏撫子兆才兆立　錢兆贊妻沈氏撫子友德

錢友德兆贊子妻陳氏撫育三子　錢宗瑞妻鄭氏善事繼姑子孫昌熾

錢伯化妻羅氏歿年五十九子光德　錢仕元妻馬氏雍正時生撫子英玉

錢聖端繼妻張氏撫八月孤兆茂　錢兆奇妻張氏家赤貧撫二孤成立並居茶園頭莊

沈其廣妻鄭氏孝事翁姑夫臥病十餘載勤奉湯藥致孤成立勤勞起家乾隆十六年歲歉出粟賑貧晚年修橋砌路濟危急者不少今曾元鵲起焉居沈塘莊

張子明妻楊氏孝事老姑撫子爾嘉

張國泰妻宋氏康熙時八殁年六十八撫子開乾開功成家並居清水塘　以上德政鄉

張武佳妻孫氏殁年六十八居王城　羅源如妻董氏殁年五十一居莫嶼

樓維嶽妻金氏殁年八十居顯潭　王廷標妻張氏殁年七十六撫子殿芹居上王莊

王錫琦妻鄭氏殁年七十三

馬瀧妻盧氏年三十五寡居馬溪　以上東土鄉

汪克寬妻邢氏現存撫子廷蘭廷樸　諸生沈慶瀾妻王氏以苦節著

武生高鋭妻張氏撫子成立　鍾啟昌繼妻祝氏年三十四寡並居城東北隅

周和志妻吳氏居方山鄉周塘沿莊年三十三寡現年五十一勤儉持家繼姪爲嗣

喻忠言妻丁氏現存年六十七

喻孝宏妻湯氏現存年五十七　喻忠方妻金氏現存年七十二

王有勇妻金氏年三十一寡零丁孤苦清潔自勵居仙人坑　以上仁德鄉

袁殿春妻陳氏居楊柳塘年六十一　徐名淡妻成氏三十三寡居小溪莊

以上康樂鄉　李繼昌妻金氏年三十五寡居城中

王大悌妻魏氏守柏舟志撫孤嘉位　職員張思堯妻吳氏堅貞矢志

善撫子孫並居上林　孫明昆妻宓氏紡績撫孤居枝溪莊

吳雲程妻蔣氏年三十三寡　職員吳鏞妻瞿氏年三十二寡

職員吳如珍繼妻笠氏　吳占法妻金氏三十五寡並居棠溪

葉維枝妻孫氏奉姑撫子克全大節　喻道清妻盧氏三十四寡現年六十

監生葉峻飛繼妻沈氏　葉學旦妻于氏三十四寡並居大屋

孫在廣妻史氏年三十二寡　孫德江妻樓氏子心祥並居珠溪

盧元禱妻林氏年三十三寡居招郵　陳艮才妻蔣氏年三十四寡居下陳

以上崇信鄉　金孝貴妻李氏三十四寡居王明堂

魏素霖妻葉氏居后棗園莊　魏佐廷妻馬氏居湖頭莊

魏在貴妻呂氏　魏守寶妻馮氏撫週歲孤養姪如子

魏超倫繼妻陳氏並居湖頭　監生魏承業妻陳氏居白泥墈

竹興禎妻葉氏現年七十餘　王祖廉妻盧氏居周家坂繼姪靈泉

章正禮妻許氏年三十二寡現存年八十三居塘頭莊以上笙節鄉

求聖昌妻王氏年三十二寡居靈山鄉求家莊

王紹信妻許氏現年八十居馬家塘　竺鳳鳴妻王氏現存年六十七居后

山莊以上金庭鄉　韓忠武妻周氏年三十五寡居石坑

王繼岈妻成氏現年五十三居高峯　王國中妻必氏年三十三寡子正權

王專中妻李氏年三十二寡撫遺腹孤成立並居蘆田莊　以上忠節鄉

監生童礽華繼妻張氏年三十五寡性柔順恪守閨訓課子成立克振家聲居上店莊　徐金臺妻居氏現存年七十六

武生徐金奏繼妻李氏年三十二寡並居白巖莊

丁千陸妻王氏年三十一寡　丁載武妻尹氏三十三寡並居后嶂

張奕勳妻施氏年三十五寡居大灣　張務時妻李氏年三十五寡

張志端妻屠氏現存年六十三　竹墻槐繼妻王氏年三十四夫死無出撫前室子逾所生居仁村莊　秦孝恭妻賈氏撫子企玉居裏坂

屠乃盛妻唐氏家貧子幼誓守了溪　張啟賢妻史氏年六十一居山頭等

喻之濂妻丁氏年三十四寡居漩水灣莊

馮尚璋妻魏氏年三十二寡矢志不渝現存年七十八以上遊謝鄉

監生裘脈成妻張氏年七十一

例貢裘怡英妾陳氏年三十三寡與嫡氏錢敬事九十一歲邁翁無倦色

諸生裘德成妻孫氏事姑撫子

裘鳳儀妻張氏撫子國華成立

裘振傑妻黃氏年三十五寡

監生裘顯湖妻高氏城中心鎰女孝養邁姑教子耀秀耀科成立

監生裘慄旺子愷悅妻張氏年三十四寡現存年六十五

裘文雅繼妻黃氏孝奉翁姑撫前室子如己出素食布衣勤苦備至

監生裘濡妾周氏撫子紹成名

諸生裘振妾馮氏撫子修日成名

監生裘文彬妻劉氏年三十二寡並居崇仁鎮

監生任恤妻裘氏年三十四寡撫子學銘學虞居下安山莊　以上崇仁鄉

張焕鎬妻馬氏現存年五十三

監生張惠廷妻裘氏並居張家

舒琴清妻應氏居馬家坑現年五十

徐大英妻朱氏現存年六十九居奮箕灣　以上承富鄉

張承本妻黃氏現存年六十九

樓仁溥妻謝氏現存年五十一

張恭己妻周氏現存年七十二

黃珏熹妻周氏現存年七十一

監生黃珏爲繼妻裘氏三年二十五寡現存年七十二歲

張發咸妻裘氏現存年六十四

張能進妻宋氏現存年五十八

邱緣袍妻裘氏現存年六十九

馬克敦妻陶氏現年五十八居舉坑

裘聖謨妻樓氏年三十四寡撫子沛錦沛鈞居前邨　以上承富鄉

朱盛猷妻張氏年三十五寡居流沙

李元耀妻范氏現存年五十九

諸生丁鏞妻張氏撫子禹河禹源

裘書楷繼妻宋氏居下王莊

監生李元炯繼妻樓氏已捨貲建積善橋以濟行人現年五十六居長坑莊

夏奇雲妻裘氏年三十四寡撫子伯尚居下相莊　以上崇安鄉

吳應進妻王氏年二十五寡居渭沙

張杏林妻史氏居新屋

史善梁妻張氏現年七十居前家坑

王繼海妻黃氏以苦節著

王祖培妻尹氏繼子傳珍現撫孫焉

王祖懿妻陳氏年三十四寡撫子傳道傳高並居石璜莊　以上羅松鄉

儒士錢登春繼妻周氏

錢登豪繼妻沈氏並以節著居山口莊　以上剡源鄉

武生邢煥照妻錢氏居嶀頭莊

邢祝三妻周氏現年五十九居積店

劉振華妻周氏三十四寡現年八十

邢安寶妻過氏家赤貧撫三子成立居大崑莊以上太平鄉

錢昌愼妻張氏姑病瘋朝夕聒噪敬事無違撫二子成立焉

錢敦性妻過氏敦性遠遊豫中氏代理家務二十四年現存年五十一歲

錢芳讓妻王氏現年六十八

錢我秀妻黃氏三十四寡事上撫下

過芳春妻蔣氏賦性貞靜不苟言笑奉養寡姑以克孝著居金潭莊

過康銘妻錢氏居尤家利

錢芳奎妻邢氏現年六十五

錢星華妻童氏現年六十三

監生錢家和字介亭繼妻周氏幼無兄弟誓不字終身養父或議婚父亦不忍拂其意後家和妻故聞氏賢再四倩人議婚父允之未幾家和病亡氏聞訃適錢易服成禮撫前室子如已出嗣父喪歸營葬祭兩家並賴之

監生錢我溥妻尹氏三十三寡

錢高上妻周氏年三十二夫亡善事

適姑十餘年喪葬循禮撫藐孤頗能成立被匪擄待歸娶媳卒成家業以上長樂鄉

周恩瀚妻邢氏家赤貧藉十指餬口終身無怨言現存年六十六

周恩承妻韓氏年三十四寡現存年六十以上開元鄉

袁章坤妻裘氏年三十五寡居花橋　呂芳高妻葉氏居樓下以上繼錦鄉

胡登嶽妻黃氏居大王廟　監生裘桂馨妻馬氏三十一寡

裘錦畦妻周氏並居上路西莊　張朝清妻樓氏居下路西年七十二

周世林妻鄭氏居上宋莊　郭純恩妻商氏撫子邦森邦權

陳安鈞妻葉氏年三十三寡現存年四十八並居前王莊

葉詩江妻尹氏居葉家現存年七十二以上積善鄉

儒士俞升中妻周氏居王郎地年三十三寡

宋萬元妻錢氏　宋萬邃妻王氏並以節著居鴨舍坂

莫朝興妻陳氏年三十五寡現存年八十二撫子有寶叶七

尹嘉燦妻錢氏久事翁姑撫成三子現存年八十一居尹家

尹慶雲妻周氏上事下育兼盡其勞　錢錦文妻金氏撫子福炳並居甘霖

張忠貞妻周氏居東王莊　袁茂林妻錢氏居黃箭坂

李德武妻求氏三十三寡現年五十　李德盛妻樓氏年五十二並居雅洋

楊達發妻張氏年六十四居上洋坂　俞信行妻馮氏居俞家砩

周世和妻王氏居寺前莊以上桃源鄉

尹錫奎妻袁氏三十五寡現年六十　張慶沅妻居氏現存年五十一

張慶鰲妻曹氏現存年五十一　竺光家妻葉氏現存年七十二

張孝厚妻章氏並居範邨　金聲和妻黃氏居雅堂

李聖楠妻張氏撫子海珍居查邨以上清化鄉

李念浩妻裘氏現存年六十八　儒士俞存貞妻陳氏年六十八

俞慶蓮妻朱氏現存年七十八　俞作相妻張氏年三十三寡

俞佳祥妻呂氏年七十四並居蒼巖　俞作鹽妻沈氏居殿前莊

陳慶松妻錢氏居田東莊　金本翰妻陳氏居東山以上禮義鄉

儒士袁秀峯妻宋氏年五十九居昇平鄉

吳繼發妻章氏三十五寡現年五十　沈秀槐妻王氏現存年五十一

吳裕公妻張氏繼姪爲嗣　吳裕紹妻葉氏年二十四寡無子

吳春富妻周氏年三十二寡　章鎮惠妻鄭氏年三十三寡無子

吴光茂妻陳氏並居三界　鄭可鈞妻童氏年六十九撫姪成立

鄭鳳愈妻童氏茹苦守節並居長橋　沈萬祥妻陳氏現存年六十四

沈萬昌妻鄭氏孝事病姑勤育稚子　沈建仁妻杜氏久事翁姑撫子秉鉉

並居沈塘莊　朱武林妻陳氏紡績撫三孤成立

朱國美妻王氏夫故子殤以苦節著　朱德進妻張氏撫孤成立並居溪灘

儒士張際亨繼妻吴氏現存年六十二撫子乃憲成家

吴錦成繼妻陳氏撫孤早夭苦志終身現存年五十三居三界莊　以上德政鄉

樓乾友妻鄭氏現年五十八居巖潭　諸生孫恆妻董氏子震緒居孫嶼

蔡大信妻孫氏年三十一寡現存年五十三居東郵　以上東土鄉

以上已故現存節婦同治九年請　獎

監生魏彩妻孫氏年二十九寡現存年三十六居白泥墈莊

唐敦闇妻王氏年二十二寡現存年三十三

唐可珍妻盧氏年二十三寡現存年三十六並居唐田莊

應文炳妻徐氏年二十二寡現存年三十九

趙藏金妻許氏年二十八寡現存年三十三並居秀才灣

俞玉瑞妻沈氏年二十四寡現存年三十九居嶅帽墩

錢芳鈺妻潘氏年二十七寡現存年三十九居長樂鄉

陳繼武聘妻王氏年十一聞夫訃過門守節現存年二十七居嶸嶺莊

諸生尹自揆繼妻吴氏年二十八歲自揆禦賊陣亡矢志撫孤現年三十六居甘霖鎮

監生丁舜鵬妻樓氏年二十二寡現存年三十八繼子禹鋭居丁家

監生任植繼妻童氏年十八于歸未匝月植亡誓守不二撫養血孩胞侄耿如已出奉翁姑惟謹現存年三十七居石沙卅

以上同治九年採輯待旌

魏繼倫妻何氏年二十九寡現存年五十二撫子秉炤居官地

魏會燦妻童氏年二十八寡現存年五十撫子貴榮居官地

傅德恒妻王氏年二十二寡現存年六十八居澄溪

監生呂正槐妻張氏年三十寡現存年五十七居王勝堂

吳裕隆妻馬氏年三十四寡現存年四十三居三界

監生支以公權妻丁氏年三十四寡現存年六十六撫子諸生廷玠等居支鑑路

諸生張躩奎妻盧氏生道光元年三十五歲寡無子苦守現居城北隅

王朝林妻任氏生乾隆初年二十四歲寡撫三歲孤美中成立家業日熾居十七都盧田

孫凝淡妻王氏年二十九寡現存年七十六撫三子成立愼齋監生居孫嶴

李道佳妻王氏年三十寡現存年六十六無子居四都葉嶴

貞烈

梁

張氏楚媛 僕射稷女適會稽孔氏無子稷爲冀州刺史州人徐道角作亂楚媛方大歸會稷見害遂以身蔽刃先其父死

元

商淵妻張氏 名貞居鳴絃里事姑孝謹至正戊戌冬方國珍擁兵據縣明年冬胡將軍張士誠兩軍交至與淵走匿新昌之南明山淵闇出爲游兵所掠貞涕泣不食者五日及淵脫歸爲貞道白泥墩烈婦被掠自縊事貞曰一旦危急當如是耳及明年夏胡將軍復統兵掠縣地貞懼辱投塘死越三日子芹收屍葬色如生

白泥墩烈婦 佚其姓氏元末兵亂被掠婦誓不受污至東陽賦詩五章自縊死

胡氏妙端祝家婦也至正庚子春苗獠虜之去至金華縣乘間嚙指血題詩壁上赴水死時三月二十四也獠師爲立廟祀之詩見文翰議者謂當配享清風嶺王貞婦祠云

明

張仁妻鄭氏字妙安兵亂被掠不辱而死據李志孝義傳補

姚旭輝妻屠氏旭輝貧役於公氏紡績養舅姑或不繼遭誶詈則婉愉以受自食日惟一餐鄰姑或憐而進之食曰毋庸吾腹已果族有長者遺以粟帛氏惟取供舅姑而已夫免役歸日益窘謀出婦婦哀懇之不聽遂歸母家夫設計將強奪之婦泣語母以死自誓乃密紉衣裾夜啓戶出抱石沈百丈潭死覓屍不得踰月從死所浮出顏色不少變邑人王思位喻和卿爲之傳

邢克威妻胡氏武昌教諭淮之女幼通書史年十九夫亡兄弟以氏無子欲奪其志氏曰兄弟且不我知尚誰望焉遂反戶自縊死

羅烈婦黃氏居四十一都佚其夫名夫

亡舅耄夫弟逼之氏密紉衣履累月不支枕復遣鄰婦婉諷婦默然衆意其不拒也方治酒會客而婦已自經矣

史本深女聞英　通經史內訓諸書工詩詞祖聯以鄉進士任全州知州爲擇門楣不知父家中已先受聘各欲迎娶方躊躇不能決聞英英潛告天地祖宗題二絕句自縊死詩見文翰

諸生周大勳妻胡氏　山陰人崇禎間山寇亂見氏美姿色逼汙不從被殺死

袁日躋妻施氏　年少無嗣躋病劇語妻曰身後事惟汝自裁氏泣曰夫妻相隨生死不移躋卒殮中堂氏即入房投繯死

袁日暘妻施氏　夫死自殉

國朝

張侃繼妻章氏　早寡順治初爲山寇所劫被焚死年六十有六

鄭品三妻陳氏　順治丙戌兵掠其境被逼投長橋潭而死

尹燦妻唐氏 丙戌避難入山讐家掠其貲懼辱觸崖死

夏烈婦 適周姓居鹿苑山塘順治九年山寇突至殺其夫與家屬八人睨婦欲辱之夏不屈遂死於刃 按張志及李志夏烈婦開元鄉周某妻而表微錄作夏周氏俱佚其夫名今開元周氏譜則曰汝仁妻未知孰是姑並存之

史自和聘妻袁氏 自和以殺人繫獄氏自父母求一見會解讞道經南溪隨父隔樓垂淚遙訊曰君能終脫否自和曰犯辟無生理願自愛毋以我爲念氏拭淚歸縊死年僅十八 府志作前明

周慶餘妻張氏 年二十二夫亡服滷以殉 四十八年旌 按李府志慶餘作慶裕道光李志餘裕重刊今查周氏譜刪正咸豐五年坊著祠畢事載雜志新纂

裘興組女六妹 因彼狂且調戲不從復聞譏言郎行自盡

江俞氏 佚其夫名聞徐見鳳譏語捐軀

王大三十三之妻鄭氏 夫某

業瓜上有耄姑家赤貧族有强暴謀汚之經年不得間一日瞯婦過巷强逼之氏痛詈不屈時夫在瓜園婦從容往與之訣屬以養姑餘無所言又從容慰其姑俄而自經時順治丁酉六月也

孫清五妻張氏 父俊貧弱獨居沙塢贅清五相依里有董信者諸生之無賴者也謀奪氏令張千十三爲媒俊詈之信訟於官囑當事以法繫其父兄氏曰以我故貽一家累我不死則事終不白遂自經死

諸生周明新妻胡氏 下相邨胡承達女歸甯父母會山寇至被逼氏堅拒不從連被數創母金氏奔救並遇害 府志作清新

周維艮妻過氏 年十七夫亡經營殯埋畢招諸妯娌飲若與訣者酒未半潛入室雉經視衣履皆密縫也

周艮賡妻宋氏 居開元莊康熙甲寅寇亂匿山谷中官兵搜得之將挈以行氏引桒刀自刎死

張士貴妻錢氏 夫亡自縊

王大臨妻沈氏 夫亡自縊

李玖報妻袁氏年二十三夫亡自縊

諸生姚浩妻竺氏年二十五夫亡投繯以殉

監生周誠妻丁氏年二十五夫故自殉

柴紹恩本姓吳聘妻張氏年十九娶有日矣紹恩病卒訃聞女告父母往視含殮父母不可絶食二日父母送之往既葬父母勸之歸女曰兒安歸父母固強之絶食者又四日父母乃聽之朝夕哭奠哀禮兼至然二次絶食加以哀毁旋得疾父母舅姑相與謀醫女辭曰兒之不即死者恐以橫死傷兩家父母心耳今病而死是正命也何醫爲不藥而卒

張文綱女大姑字喻之晟爲室之晟卒女聞訃隱泣以汗衫請母寄殉不食者數日父母哀之女曰生不爲喻氏婦死宜爲喻氏鬼請終身以事父母遂脫簪珥荆布素食里黨咸稱而求親者踵至父欲改字女知之潛易素服投繯以死時道光癸未八月二十七日也

金成均聘妻張氏未婚過門孝事

舅姑一日持衣往洗有狂且某戲撫其身汝溺泣歸姑問之曰兒身豈可爲某撫耶遂絶食父母舅姑百計勸解終不聽餓十七日而卒

丁珣妻尹氏知書年十三母病刲股于歸後姑病又刲股及夫病諸醫悉謝去氏淸醮嚙指血寫疏禱天求以身代未幾果卒珣亦終身不再娶

葉方龍妻婁氏夫亡自縊

何文美妻柴氏年二十夫亡自縊

以上舊志

徐海洋妻鄭氏

王明鈞女大姑

鮑聖松妻史氏並居城東隅

謝孝英妻胡氏

謝殿謨妻婁氏並居城南隅

虞生周佩銘妻李氏與女尹德鋑妻采芝之姑同殉難

劉太和妻沈氏

陳謀和妻曹氏

陳謀道妻周氏

周敬惺妻錢氏奉姑避居東丁鄉賊至焚掠甚慘氏別姑攜四歲子出鄉里許投水俱沒年二十四

朱鼎春妻丁氏

楊名山妻裘氏

陶秉和妻唐氏陶會橋人

趙世標妻支氏年十三適北隅趙咸豐三年氏十六歲未婚夫故十一年十月初七姑病卒氏扶柩出城營葬畢而城失守氏即赴水死

儒士吳之楨妻王氏

王世賢妻胡氏

竺月旺妻施氏

秦世璘妻沈氏並居城西北隅

周豪積女玉妹居黃塘沿

馮有泉妻余氏馬鞍遶人

宋讓寶妻吳氏居小山

儒士章沛霖妻謝氏居章鄉衙見夫被擄投塘死以上方山鄉

竺世清妻何氏居朱家笆衙

王立武妻俞氏居下東渡

余十六女　余學禮女小妹並居石板頭以上二都仁德鄉

鄭元相妻童氏竹山人與女同殉

節烈楊成宗妻朱氏居過港以上東樂鄉

葛家鵬妻馬氏居滸頭莊　葉惟封妻徐氏

葉惟春女小孫姑　章恩九妻葉氏並居大屋莊

沈哲林妻林氏居浦口莊　竹炳秀妻張氏字和姑以上崇信鄉

諸生竹謨妻童氏素孝謹壬戌四月賊至赴水救之復大罵賊怒割喉死及斂面如生

竹臨標女小增姑壬戌四月避賊山中服毒死並居東郭

唐煥榮妻張氏　唐守恒妻呂氏

唐孝養妻張氏並居上唐　鄭玉女圓金妹居下葉家

魏守榮妻沈氏居湖頭　張炳觀妻魏氏居白泥塘

袁玉臺妻章氏居石橋　魏恒昌妻鄭氏

魏景福妻余氏並居後畈園　魏志倫妻茹氏

魏洽倫女巧英並居官地　鄭明山妻竹氏黃塘橋人

求定方妻曹氏居陳家上笙節鄉　以

趙傳海妻汪氏居靈山鄉凹青莊　趙傳海女蘭香壬戌秋賊至伏叢林母被獲女出求代不許焚其母逼女女大罵賊死

竺蘭芳妻吳氏居金庭鄉后山莊

童其安妻裘氏居山頭宅　童礽仙女全妹居上店

尹天才女仁妹居裏坂　張德鳳妻尹氏居沙園

朱加紹妻丁氏居後張莊　趙禮昭妻王氏居仙巖

童聲禹妻徐氏居裏坂
徐春熙妻葉氏居白巖年十九抱兒避賊賊連傷十餘刄母子俱死　以上遊謝鄉
王大仁女小妹居靈芝鄉唐嶴莊賊至投塘死
節烈裘文良妻趙氏
裘耀牧妻黃氏
張文英妻丁氏居下相莊
裘炳全女居溪灘莊
任文治妻鄭氏
任金和妻陳氏並居下安田莊　以上崇仁鄉
喻朝松女生妹西樓人
任仁達妻裘氏居後岸莊
費錦標妻裘氏
費錦霞女煜音
費道愷妻斯氏並居道馬莊
裘仁孝妻馬氏新官橋人
徐聖揚女居逵溪　以上孝節鄉

金言煥妻裘氏邨婦悉避氏服毒死　節烈裘聖富聘妻王氏幼受
裘聘夫亡矢志不嫁　節烈裘顯皓妻趙氏以上永富
鄉崇仁莊　黃珏聯妻郭氏
黃廷粱妻裘氏　錢寶良妻黃氏錢邨人一家二口遇
害　何成耀妻金氏居錢邨
張恭照妻樓氏　張有情母婢蕙蘭遇賊不屈被賊
剖腹死　節烈張明耆妻呂氏同媳
支東妻沈氏女小妹　錢旺燦妻章氏
黃廷春女寶妹穀來八年十九母氏被害大駡賊死　以上富順鄉
支廷山妻任氏支鑑路八一家二口遇害

裘光三妻錢氏下王人辛酉賊入邨氏避青石坑聞夫被擄服毒氏亦服毒死

黃阿茂妻張氏居蔡市　范金相妻宋氏居范油車莊以上崇安鄉

沈孝惇女增妹居沈邨　王英釗媳周氏

陳玉山妻鄭氏居下陳　周孝均妻錢氏石璜人

呂和尚妻陳氏居白竹莊以上羅松鄉

呂鳴鐘妻洪氏大灣人一家二口遇害

節烈錢國燮妻沈氏　錢福林妻周氏並居璠田莊

張畚老妻施氏居下王以上剡源鄉　增生應泰女桂仙

邢佳樹妻錢氏一家二口遇害　呂正道妻王氏並居高勘頭

張孝惠妻劉氏石碑人辛酉十月粵匪虜掠見氏逼汚不從被殺

邢偉堂妻王氏　節烈邢康悌妻錢氏

孝烈董芳培妻徐氏並居橫店　邢延隆妻周氏

孝烈邢諸生妻劉氏一家二口遇害並居石下洋

節烈邢觀成妻劉氏居前庵莊　邢象潮妻趙氏辛酉粵匪入山見氏欲辱之氏不屈遂死於刃　邢洪照妻錢氏賊殺其夫氏悍辱投水死並居屋基　麻芳老妻郭氏居麻家以上太平鄉

諸生呂宗楷妻過氏居後宅　呂學海妻錢氏

呂元達妻鄭氏並居白宅墅　錢守初妻邢氏辛酉冬避寇碑前山間夫被擄欲自裁以身有孕止後遷塞嶺猝遇賊赴水越數日夫脫歸撈之面如生時年四十歲

錢家義妻李氏

周醻江妻黃氏

錢旺法妻周氏

廪生錢政均妻邢氏年二十六寡孝事翁姑撫子從和妯娌莫不稱賢辛酉冬避寇玠溪寇突至氏與姪元俊妻鄭俱自縊鄭幼子亦死

儒士錢元俊妻鄭氏

監生錢倫本妻邢氏

儒士錢敦典妻黃氏一家二口遇害

錢金榮妻劉氏以上長樂鄉

徐保傳聘妻周氏居塔敵山莊遇賊不屈死

周恩葵妻邢氏以上開元鄉

周阿玉妻張氏居上沙地

商德杞妻張氏

史善渭妻孔氏居后史莊

商維業妻張氏方山人

商德用妻黃氏

商春城妻黃氏並居堰底莊以上

繼錦鄉

宋康典妻張氏

錢敦松妻宋氏並宋家人　張慈恂女小妹東張人

孝烈葉雪根妻尹氏一家二口遇害

葉阿順妻王氏　葉鳳光妻趙氏

葉光焰妻王氏　葉光昌妻劉氏

葉金標妻楊氏一家二口遇害並居葉家莊

王忠山妻應氏　趙廷恒女紫妹

王聖照妻陳氏　宋萬鍾女蘭英並居西王

周明奎妻商氏　周連燦妻吳氏一家二口遇害

周殷禮媳張氏　周庚老妻史氏

周連炯妻袁氏　周連炯女海妹
周連翰妻袁氏　張金全妻丁氏並居上朱莊
張允箕女大妹　張高昇女桂妹
張玉瑞媳葉氏並居下路西　節烈張允金妻周氏居上路西
節烈陳安松妻張氏　節烈陳家銓妻鄭氏並居陳家
周明益家孔氏寺前八一家二口遇害以上積善鄉
節烈李德麟妻王氏　李繼謨妻金氏
李春洲妻錢氏一家二口遇害　李瑞憲妻支氏並居下楊莊
求君賜妻鄭氏　孝烈求榮偉女貞妹
求瑞鳳妻商氏並居求家㘨　張悌家妻王氏西王人

宋何招妻方氏宋家人　尹慶芝女桂妹

尹大森妻吳氏　尹自見妻邢氏

趙世元妻呂氏並居尹家莊　張祖林妻沈氏居後宅園

袁金盛妻謝氏居王箭坂　袁玉輝女忠妹居袁家

張光煥妻陳氏甘霖鎮人　趙從義妻周氏倪家渡人

王方賢妻邵氏上王一家二口遇害　錢芳德妻俞氏居上高莊

張叶鳳妻尹氏　宋邦惠妻沈氏

宋應洪妻丁氏並居鴨舍坂　張金忠女小王妹

余小岳女小兎妹並居童家　以上桃源鄉

章義潤妻鄭氏　章功灝妻張氏一家二口遇害並居

上金山

沈金法妻張氏

沈叶壽女圓妹並杜山人

支秀水妻范氏支鑑路人

張金玉妻俞氏居東湖塘

節烈竺孝標妻金氏

竺小玉妻蔣氏天玉妻劉氏天祥妻費氏一家十三口遇害

張慶餚妻魏氏

孝烈尹德發妻周氏郡庠生佩銘女字采芝性至孝父母鍾愛之訓以書史知大義幼字范邨尹福辰第三子及長尹家落魄友議別字氏怒不食誓不二年二十五適尹克循婦道得舅姑懽心咸豐庚申粵匪陷金華淫掠無狀嵊人聞之逃匿一室氏輒藏毒於身誓不辱明年冬賊至服毒死時論賢之

張孫兵妻沈氏

張慶安女

節烈竺孝達妻黃氏並居范邨

張夔益妻錢氏

張慶增妻裘氏並居溪邊莊
金詩文妻竺氏居西金莊
魏守榮妻沈氏居東湖塘
呂士昌妻裘氏居王山頭下一家二口遇害
雙烈女史善昌女鮮妹和妹
節烈史積功妻王氏
史積士女並浦橋八
雙烈女吳積輝女釆珠釆松居江田莊遇賊不污並死於刃　以上清化鄉
謝世玉妻張氏
謝世孝女小妹
謝元愷女寶妹並居江下
金世間女雲妹
沈忠芝妻夏氏
金艮老妻俞氏並居東山莊
錢柏林妻袁氏居金雞山莊
施仁監妻呂氏居橋裏莊
施嘉武妻張氏

施嘉明妻俞氏並居和尚田莊　職員施乃溥妻沈氏女桂
簪妹　監生施嘉壽女小招妹
施成金女並居施家嶴莊　監生俞作霖妻袁氏烈女
五姑　諸生俞斐然媳諸生嗣晉
妻錢氏賊至焚掠氏懼辱自縊死　俞金秀妻張氏
俞秉禮妻金氏並居蒼巖莊蒼巖離城三十里辛酉十一月賊僞設卡安民十六日五更
以莊人起義攻破長樂營猝會新邑賊焚殺氏知不
免抱幼子德呈挾五子德春赴水死四子德昌時年
九歲已奔上山矣聞母赴水即下山求救於賊不果
亦躍入水死純孝性成方之齊剡縣小兒茂有加因
年幼不另立　陳錦山妻俞氏居嶸嶺莊
傳附志於此
儒士張喜緣妻陳氏福英居石道地

方蘭秀妻施氏居山白莊　袁祖顯女鳳英姑居周郙

儒士李從雲妻趙氏居李家遇賊赴水死以上禮義鄉

史積義妻趙氏居搗臼岕莊　監生袁鼎業妻呂氏

監生袁時期妻竺氏並居碧溪　馬學寶妻喻氏居下馬莊

袁金順妻謝氏　袁金雪妻謝氏並居雅朱莊以上

昇平鄉　沈煒女六姑

章宏賢妻王氏並居三界　節烈陳之盛妻王氏居陳郙

節烈鄭思達妻范氏　節烈鄭可爲妻吳氏

鄭南榮妻余氏　鄭夢山妻趙氏並居長橋莊

陳秉禮妻沈氏居黃荆山　張楚猷妻陳氏居濤水塘壬戌四月

賊至不辱與八歲兒同遇害時年三十　以上德政鄉

蔡丙老妻何氏　宋和昭妻方氏

章永懷妻胡氏

以上同治三年五年旌

邢遵淼妻錢氏　道光癸巳秋夕鄰火氏酣寢驚起火已燒房闥度姑未起冒火負之竟不得出翌日視之形迹宛然背負一姑手更抱一姪焉　魯國楨妻周氏　夫亡氏引菜刀自殉

喻之晟聘妻張氏　並咸豐元年旌載越郡闡幽錄

裘德輝妻袁氏　咸豐六年旌　世襲雲騎尉江蘇同知錢

光鼎妻陳氏　咸豐三年粵匪竄入歸德時氏翁與氏兄御史陳壇同守郡城全家殉難

虞生裘英三妻王氏　咸豐十年二月間省城不守氏挾二女一子投井死女僕見而

救之活一女未幾氏復自縊死時年三十餘

周豪女大姑年十九辛酉遇賊不辱死

王俊英女幼字漩水灣喻仁安辛酉賊擾父因倩喻家迎歸年十五越二月罹賊污服毒自盡

王世賢女金妹年十七從母避賊石道地後遇另服賊來強之去母挽之連傷十餘刄斃命已入節烈祠金妹弱不能支亦斃於刄

袁殿傳妻祝氏仝夫罵賊死

汪天象妻沈氏咸豐辛酉賊擄其被氏且罵且奪遂遇害時年七十七子嶸諸生

王興豫妻呂氏辛酉冬遇賊逼投水死時年七十六子世彬

趙世忠妻鄭氏壬戌避七里嵩適四月四明克復賊竄嵊氏郎赴岡下塘死以上城中

尹自榮妻董氏同治壬戌被粵匪逼投河死賊又殺其二子時年三十九

張邦洪妻尹氏壬戌四月賊至赴水死年十八居山前莊

盧潮洪妻商氏石板頭莊人辛酉避居蓮塘賊至赴水死

朱啟虬妻楊氏壬戌罵賊刃其喉死　朱嘉裕妻王氏賊割其口耳死

趙小牛妻金氏遇賊害　張立峯妻任氏罵賊賊刺十餘刃死

余林金妻竹氏罵賊死　朱嘉福妻葉氏賊逼死何家大塘

朱周達妻丁氏壬戌四月抱子赴何家大塘死並居何家邨以上康樂鄉

宋仁寶女大妹住曹家洋辛酉十月父被擄女號泣赴水死

葉魏氏厚仁莊人被擄不屈死　袁章華妻王氏壬戌四月賊焚擄氏與章華俱老病叱子若孫遠避賊至索銀寶大罵賊戲以創刺其身遂中要害死年六十六以上崇信鄉

武生葉梓林妻袁氏同治壬戌四月遇賊投水死年三十四

儒士葉士孝妻周氏同前不屈死

儒士竹盛彩妻唐氏同前不屈死年六十八

儒士竹臨翰妻金氏同前不屈死

鄉賓竹興林妻林氏年七十三同八十一夫辛酉聞城陷從容分堂上梁左右投繯

竹士茂妻黃氏夫早逝壬戌四月病不能行囑其子若媳抱孫遠避子媳不忍棄母氏曰爾祇顧我不顧先人血食乎若不去我先死矣子知母性素烈不敢違抱兒與妻去賊入郡焚戮極慘氏投屋後池中死時年四十餘並居東郭莊

陳光林妻林氏同前遇賊創數刃死時年八十

陳光周妻張氏同前遇賊不屈死死時年二十方懷孕焉

丁升泰妻王氏同治壬戌遇賊索銀不允綁縛大樹剮割死時年六十二

許德茂妻張氏年八十死難子新國

許廷璧妻王氏

丁岳金妻胡氏並居許宅

張基詮妻俞氏年七十三殉難

魏炳法妻陸氏年十八死並居沙地

袁玉倩妻呂氏同治壬戌九月初三日殉難時年三十五居石橋莊

張炳觀妻魏氏殉難年四十八居沙地莊

丁孝貴妻陳氏胡頭莊人壬戌五月遇賊不屈死時年三十六

金大潮妻薛氏居下蕩頭莊殉難

樓宏善女小妹居朱湖山壬戌四月遇害以上登節鄉

魯增海妻陳氏居馬路堂賊陷城氏抱子赴下楊莊門前塘死

屠宗槐妻馬氏辛酉十一月十六日遇賊不屈抱幼子謹紅投水死年三十五居江東莊

姚狗妻王氏居東林莊被賊擄强逼不從賊怒斷其左手死

姚占貴女居歡潭莊壬戌八月被擄不屈剮爲肉泥里人親覩之咸以爲難年十八以上忠節鄉

汪宣銀妻李氏居十八都張嶼莊年三十一同治壬戌秋賊放洋鎗氏抱週歲兒同死越

數日宣銀亦死

竹運木女月姑 居十八都年十九未字郵狂戲之恚甚輒服毒父母慰問女泣曰兒無兄弟本欲侍二親以終天年今橫遭欺辱死難瞑目然無不報者言畢氣絕未幾郵狂亦猝死鄉里驚異之時同治二年事也

喻忠佑妻沈氏 居禹溪莊辛酉冬賊逼投江死時年二十三

沈菱川女蓮貞 居裏坂莊生嘉慶丙子年幼字裴樹灣王姓子未婚忽傳王姓子遇猝病死女聞信即晡投水死父撈之不得越數日獲屍殮路亭石上葬之石畱女形跡宛然二年餘始沒亦奇

以上遊謝鄉

王文相女小姑 字裴聖富爲室未婚夫亡在母家飲冰茹蘖苦守三十餘載咸豐辛酉賊竄嵊與家人語曰我遇賊必死死殮時母易我裹衣也後得其屍於井面如生如其言以殮時年五十四

諸生裴艮成妾張氏 同治乙丑艮成赴鄉闈試病歸道卒氏慟哭絕而復甦逾數月葬祭畢即服毒死

裘功贊聘妻馬氏附貢芬桂女字同知嗣錦幼子未婚卒時氏年十八自矢守貞越五年憂鬱成疾卒以上崇仁鄉

胡道全妻徐氏已寡撫子辛酉髮逆咸逼不屈遂遇害時年四十七居孝節鄉宋家墩莊

鄉賓馬志馨妻錢氏辛酉十月初七孫飛熊擊賊陣亡氏聞自縊時年七十一歲

諸生黃仁元繼妻劉氏與孫通鏡同爲賊殺死焚其屍止存一肚哀哉

張錫全妻黃氏翁與夫與子俱被擄罵賊傷刃投水死年二十九

張小賢妻王氏賊割四肢死年二十

俞迎鳳妻黃氏遇賊不屈年四十二破腹死

俞民進妻王氏民進亡時年尚幼嫡費氏欲使嫁婚議已成王聞之自縊死

駱甫生妻李氏居徐家培莊年二十七聞遇賊鮮不辱人咸憂之李曰不使近奈我何人詰之曰激使怒必殺我後與家人避匿山中賊搜山知不能脫縋女大罵四山皆應賊怒刺以刃母女同

斃時無棺家人以石灰瘞土中逾年改葬面如生

裘書德妻錢氏 生乾隆五十九年三十三歲寡殉難

裘光三聘妻錢氏 登墳女辛酉粵匪竄境氏知不免罵賊自衛及聞夫斃於賊即服毒以殉 時年十九並居下王莊 以上崇安鄉

王奇香女 字下城陳渭占爲室同治壬戌年十八未婚被擄至璃田石橋頭投水自盡賊急救起遁至山口營哭罵不絕聲賊怒以鎗斃其命同擄者歷歷見之居羅松鄉趙宅莊

監生錢越東妻呂氏 辛酉十一月殉難世襲雲騎尉增生宗楷女居剡源鄉

劉漢錦妻錢氏 生道光丁酉年二十六病夫死以頭搶地不欲生妯娌防守至戌時亡遺孤甫七歲居石磡莊

舉人邢照妻郭氏 居橫店辛酉十一月七日遇賊不屈死年七十八

監生邢偉濟繼妻呂氏 壬戌八月十七避難黃金嶺罵賊死年四十一

邢仰旻妻錢氏辛酉冬遇賊殉難年三十六

邢仰錦妻史氏年二十九　邢康林妻陳氏同上殉難年三十八

邢康顯女法英辛酉冬殉難年十四　王小弟妻邢氏遇賊殉難年二十八

馬旺麟妻邢氏殉難年二十四　邢功樹妻夏氏辛酉冬遇害子祺壽亦不屈死居嶀頭莊以上太平鄉　過運春妻邢氏辛酉冬奔姑抱子避賊山中賊搜得氏殺其週歲兒數段强之去不屈死時年二十

過運隆妻周氏辛酉冬遇賊殺其二子逼污氏氏罵賊不絕聲旋乘閒自縊於床賊亦不敢入越二十日運隆被擄脫歸解其懸面如生時年四十五並居尤家邨

雙烈婦不知其姓氏辛酉冬粵匪踞長樂擄二美婦來泣不從逼之哭罵賊縛二婦於河邊柜木上焚之二婦死而古木亦枯長樂鎮諸文士作輓詞以哀之

鑑清烈女 不知何許人辛酉冬長樂鑑清池畔賊營擄一女至泣不從使同營婦勸諭着金玉玩好任砑取賊頭備鼓樂成禮女堅執不允賊怒殺之 以上長樂鄉

邢秀華聘妻周氏 居開元鄉辛酉冬赴水死

商世坤妻陳氏 居沙地莊辛酉年二十四賊逼急投水死月餘得屍面如生

史鳴盛妻裘氏 居湖前莊辛酉冬避賊瑤母山中被賊擄不知所終越三日有被擄婦逃歸者言氏半途乘間投塘死家人尋覓得屍面如生 以上繼錦鄉

袁廣朋妻商氏 居積善鄉黃泥山莊辛酉冬遇賊抱兒赴水死年二十五歲

黃國棠妻鍾氏 居甘霖鎮投水死

李德麟妻王氏 居下洋莊辛酉冬歸甯母家賊猝至即赴門外塘死

裘聖科妻謝氏 居淡竹以上排源鄉

李學棠妻王氏 居範郜赴水死

沈有第妻馬氏 壬戌正月罵賊死居

上杜山

金詩章妻周氏遇賊赴水死居西金

李學燦妻支氏居查村莊翁姑病在家婦不忍離則賊至赴水死

史致詞聘妻裘氏年幼未嫁聞夫被擄誓志守貞五六載望夫不歸自縊死

史善發妻竹氏辛酉賊至發臥病在床氏侍不去賊殺發氏投水死年五十八並居浦橋

王傳廸繼妻裘氏辛酉冬遇賊不辱赴村前大溪七畝井潭死

王傳茂繼妻姜氏同上赴門前塘死並居白泥墩

朱萬森妻俞氏夫被擄壬戌八月遇賊大罵賊怒打死氏年二十八居葉家畈以上淸化鄉

俞招老妻竺氏年三十二夫故辛酉十一月十六日賊至投水死

俞協望妻張氏辛酉六月適協望十月十九日夫被擄氏卽於是日赴水死時年十七後月餘夫脫歸並居蒼巖莊

俞康均妻裘氏辛酉冬赴水死時年三十居殿前莊

裘培善妻王氏辛酉冬服毒死

裘子雲妻曹氏辛酉十月遇賊投水死子仁海居東陳莊

謝世達女方妹母袁氏守節壬戌九月從兄方鋃避賊於栢村被至不辱投塘死居江下莊

盛德源妻周氏壬戌遇賊不屈抱嬰孩投池中死年十七居和尚田莊以上禮義鄉

袁廣墅妻呂氏

袁大春妻劉氏

袁才有妻張氏

袁善金妻竺氏

袁時英妻王氏

袁時寅妻錢氏

袁有上妻張氏鉦碧溪人辛酉十月十六日殉難

高承志妻史氏壬戌被害甚慘

高承聖妻馬氏鉦居黃泥橋遇害

馬紹棠妻沈氏年六十餘

馬福泉子紹棠妻謝氏年三十餘遇賊隨姑赴水死居下馬莊

馬步瞻妻張氏壬戌九月遇賊不屈死時年四十九

馬德坤妻錢氏壬戌死於賊時年五十七並居馬家莊

以上昇平鄉

鄭汝驥妻吳氏壬戌罵賊死年四十五居德政鄉長橋莊

儒士鄭丙熙妻黃氏官洋莊一泰女同治七年適長橋鄭氏九年三月丙熙病危氏侍奉湯藥衣不解帶者累月四月初三日氏刲股以療不愈初四夫亡氏絶粒初五斂夫畢哀毀自盡年二十五歲

蕘蘿瑞妻張氏居下洋坪年二十一壬戌遇害

齊惟雲妻葛氏居百步嶺同夫遇害

羅九姊年四十二未字壬戌八月避難於東鄉塘頭村遇賊不屈死

剡縣志　卷一少　貞烈　十六

以上九年請旌

嵊縣志卷二十

風土志

荀悅申鑒有曰山民樸市民玩處也剡處萬山中陸事衆水事寡揆景肆力用足穀絲取給衣食而已其他華實之毛蠡蠙之族亦尋常經見者耳無魚鹽蜃蛤之利足以助奓奢無瑰奇纖靡之物足以蕩心志生其閒者其士樸以敦其農工樸以勤其歲時伏臘冠昏喪祭之需雖視昔縟矣然埒諸都會之區芬華相耀者又什不逮一焉殆猶有舜禹遺風歟長斯邑者覘其土宜因其經俗愛養而

董勸之則土物心臧之盛當又何如也志風土第十

風俗

士之俗　嵊在萬山中近質不浮不作無益其士子知好學砥行入仕多潔廉自完節概故其猷守俱有可觀即伏處草野能潛心著述炳琅咸一家言未嘗以謀利之心妨其正誼之學以故士習蒸蒸日上其敦愨之風高尚之致歷久而不渝間有修飾邊幅好華靡雜佩以自炫耀筵宴窮極珍異子弟效之遂有不事詩書惰遊自安者殊傷風化然邑不過數家轉移之勢若反掌未足爲嵊病也

王氏備考嵊處山谷性近樸務稼穡不知商賈終歲
拮据而租稅衣食尚懼不給歲凶卽道殣相望故不
敢靡麗以自放所云好樂無荒良士瞿瞿庶幾有陶
唐氏之風哉近且樸變而囂嗇改而侈燕飲窮珍錯
佩服尚綺羅一倡百和不可救止夫嵊雖囂不足當
他邑之樸而嵊爲已囂嵊雖侈不足當他邑之嗇而
嵊爲已侈人心物力若或限之是不可不亟返其故
嵊也已又曰嵊俗尚氣人知名節自勵不屑齷齪猥
瑣之行入官廉潔自持合則留不合則去雖囊橐蕭
然綽有餘榮也居林杜門卻埽不通有司寸牘如杜

侍御民表裘侍御仕濂喻工部裴王刺史應昌韋皆耿耿有節概郡邑長吏罕見其面今世趨日下鮮知自愛鄉大夫諸生有迎綸吸餌爲得意者不知誰實階之以至此然崇恬退而抑奔競使之懔然自媿在司教者加之意耳

民之俗　火耕水耨民食魚稻山居而谷處不見瑰奇異產爲欲易足性率直鮮緣飾是非不枉其眞農工商賈皆著本業能節儉務縮衣節食以足伏臘雖窘乏之不鬻男女外境及爲人僕妾風俗最爲樸茂乃生齒日繁墾闢日廣儲蓄日裕而習尚亦日流於靡矣

然敦古處者亦所在多有也

婦女之俗　風化起於閨門而嵊閫教爲至肅屏豔裝勤婦職內外之辨截然雖至戚寡所識面不幸爲未亡人卒能矢志完貞或猝遇寇難往往就死如飴義不受辱故膺

旌典者獨多

禮儀之俗　冠婚喪祭故家右族多遵文公家禮間參以王學博之纂要萬歷元年訓導王天和著全禮纂要周司空之禮圖其他編戶有不盡然者

周司空汝登著俗訓四則於風俗大有維繫特備錄

之其一居家孝弟持身謹厚匹夫亦足自立於鄉里故盜賊不畏刑戮而畏王烈之勸誘閭里不畏公庭而畏陳寔之表正皆非係於名與位也若節行一虧雖貴顯不爲名教所齒况瑣瑣者乎其二少長知禮男女有別門祚有必興之理故龐公耕隴而遺子孫以安冀缺饁野而夫婦相敬如賓人之所以爲人恃有禮而已家有禮義則開業傳世氣脈長遠恒必由之一時强弱盛衰之勢不必論也其三人於性偏處能克難忍處能忍此乃豪傑胸襟學力所到故人有不及可以情恕非意相干可以理遣充拓得去便是

堯舜氣象更何事不可爲若一不如意即怒形於色甚至矜己凌人識者思之有不驚汗浹背者乎其四知足引分常覺消受不去則隨遇可安環堵蕭然而居有餘地饘粥餬口而腹有常飽古稱無事當貴穩臥當富緩步當車安食當肉皆安分無求之謂故君子無入而不自得焉

又著燕飲儉約敘其訓俗節約意拳拳也曰儉美道也惜福惜財厚風俗維元氣益則鉅矣知儉之益奢之害可勝言哉他未暇數以語燕飲一節珍饈滿案放箸即空日食萬錢不過一飽徒侈觀美何爲且其

敗禮踰度殫力靡財所以漓風而耗氣者不細是首宜儉省者也東越諸邑剡最樸畧近古余髫時見文人行宴止五簋新賓上客不過倍是父老傳聞謂成宏間簡儉尤甚雖盛燕不過五簋中間以蔬乃近來豪侈日甚營聚羞果盈前一席盤盂動以百計彼此倣傚成風雖間達時務者有厭煩就簡之思而羣然披靡不如是則以爲薄或以爲矯匪怒則嗤獨立爲難矣夫剡州近古之俗蘇長公稱累世而不遷余誠不忍父母之邦美道休風之日漸滅而無遺也敢以告諸縉紳耆耄更以請邑大夫博士立爲燕飲一約

使肴有定數生無濫殺尙侈者有所制而不渝慕古者有所據以自立都無厚薄則怒者無因不見異同彼嗤者何自去奢之害而就儉之益移易或在乎此嗟乎余之約非敢違時以立異思以還吾故剡而已矣亦非過嗇而難堪姑以去其太甚而已矣凡我邦人其無迂我者夫由宴飲一節而推之事事由吾剡一鄉而推之天下余竊志之而綿力難持於德位君子有厚望焉

冠禮　冠義曰冠者禮之始嘉事之重也男子十六以上垂髮總角長而冠在明時多於元旦裹巾冠冠盛

嵊縣志　卷二十　風俗　五

服拜天地祖宗及尊長親故不復筵賓卜日另設燕

飲　國朝以帽頂定品級貴賤之儀秩然　按夏志男子年十五以上至二十者擇吉或於正旦及冬至日冠之親賓攜酒往賀冠者之字多於平時議之三加三祝之禮行之纔數家而儀文亦不甚備女子年十五至二十者則笄之母爲之主賓以親姻婦女之賢而有禮者爲之遣人致詞以請厥明陳服賓主迎入升堂賓爲將笄者加冠笄適房服背子出乃醮乃字尋常家請族內之尊者主而笄之主人以笄者見於祠堂告詞俯伏四拜興禮畢以次見於尊者拜之乃復位禮賓而退

婚禮　媒妁既定議男家以啟求女家以啟允郎古問名之遺嗣餽銀褶盤酒盆以釵鐲郎古納徵之遺嗣仍餽銀酒盤盒較前減三之二郎古納采之遺可婚

矣餽銀盤以爲催粧即古請期之遺臨婚前三日餽鵞雞羔羊豚肩茶果之類即古奠鴈之遺娶之日不親迎用樂婦扶掖成婚雜用踏藁牽紅傳席交盃諸儀即日拜翁姑以及其家衆又每歲有端節歲禮費頗繁也夏志婚初託媒往求男家必論門第而後求女家必論門第而後許既許則卜日遣羊酒羹果綵幣銀榜子謂之納采俟既笄冠仍行聘定禮通書加以綵幣壓綵銀釵珠翠首飾茶餅羹果各倍於前甚至用百盒百二十盒者謂之納幣女家答書諸物皆少答之謂之回盤男家具書女家答書古問名之義見矣女當嫁時凡所奉養舅姑及房中合用之物如茶瓶酒注爐鐺椅桌床帳帷幕首飾衣服僕妾牛馬庄田莫不畢具男當婚時主人吉廟醮其子而命之迎壻盛服出乘馬以二花燭導前至女家俟於次女家主人告於祠堂遂醮其女而命之父母及諸親屬以次序坐女辭拜畢乃醮詞如家禮主人遂

出迎入奠雁再拜興平身姆奉女登轎壻舉手揖遜請女降自西階壻爲舉轎簾姆辭曰未教不足以爲禮女登轎壻乘馬先婦轎至家導其婦以入下用瓊褥弗令履地白樂天春深娶婦家詩云青衣轉瓊褥錦繡一條斜其來久矣至房壻婦交拜合巹揭蓋頭內之最尊者持布福戒勉其婦孝順雍睦數言而畢明日婦夙興見於舅姑壻婦並立四拜興婦奉湯以進舅姑飲之又明日婦夙興主人以婦見於祠堂畢坐舅姑於堂尊於舅姑者坐舅姑之上少於舅姑者立兩序婦四拜興進茶餅亦婦家物訖獻舅姑贄幣於桌子上或紵絲衣服衣繡衾被刺繡鞋襪之類獻舅姑撫之尊屬同侍者以入婦降拜又以贄物序齒獻於兩序而禮亦如之贄物輕重以親疎爲差僕從則賞之布帨之類各拜賜畢舅姑禮其婦姑主之遂設宴親族女賓皆與婚之第四日先期致書至日迎婦翁及婦之兄弟及媒至則三茶畢設湯風席惟用蔬果雜進湯酒各三行遂徹席主人以次見賓相拜訖設入正筵用果山糖麵肴物每品凡七凡九不等拜明日迎婦之族人及婚家之諸親通會之名曰大筵又明日致宴而後送之大率婚娶多擇日於三冬壻不

即拜婦之父母至除夕備羹果送年節禮正旦往婦家請之拜門至到婦家之大小出迎揖遜升階作樂導壻而入壻才則試擱門詩其宴壻亦如壻家宴婦翁之儀婦族中及婦請親皆設宴稱壻爲嬌客而尊之座皆首位有延留數月而後返者後會則序名分此皆富家大族所爲餘亦稱家之有亡也特具錄之以見古
禮之遺

喪　始死遷屍於床三日而殮不用布絞用本等服飾下有席有褥上有衾實棺以絮四日成服緦麻以內皆給服緦麻以外皆給巾帛受弔時族及外親皆有奠乃近有遲久受弔及鼓吹迎賓開筵宴客者七七卒哭皆哭奠近有延僧道作佛演法度死及演戲行喪者或旬日或一月或數月擇日而葬近有惑於堪

與久停柩不葬者非古禮矣夏志喪禮疾革時猶在原寢席既絕乃哭擗踊盡哀方廢牀寢於地立喪主以奉饋奠命子弟護喪司書司貨各有其人乃易服男子去冠被髮徒跣婦女去華飾有服者皆去華飾孝子二三日不食親戚隣里爲糜粥食之司書者訃告於親戚朋友亡者沐浴襲衣入棺棺多於平日或病革時治之內外用灰漆內以煉熟秫米灰厚鋪其底加七星板板上加裀褥枕席亡者入棺實銀錢以代飯含覆以衾不行小大殮司馬溫公所云明日小斂又明日大斂束以絞紟韜以衾帽者其所缺多矣乃設奠主人以下爲位而哭置靈座設魂帛懸亡者畫像於旐帛之後以絳帛爲銘旌四日成服富家巨室製服以舁有服者家貧則朞服以下之人各自備其服寢苫枕塊朝夕哭奠食時上食哭無時朔日則於朝奠設饌魚肉米麵各一器有新物則薦之凡弔皆素服　葬則先期擇地之可葬者穿壙作灰隔先布炭末於壙底築實厚二三寸然後用石灰細沙黃土以烏莊樹葉汁浸黏汁拌三物鋪築灰末之上四旁則俟棺窆多用篋槨槨外築之厚二三布炭末於外以禦木根辟水蟻

作主用栗刻誌石用石二片發引前一日具牲饌以
窆期告親賊奠賻之夙明遷柩就轝乃設奠奉魂帛
升魂亭焚香柩行方相前導名開路神次雲次紙幡
次銘旌亭次魂亭次明器車馬巾櫛侍女僕從咸具
而後舉主人以下男女哭步從尊長及無服之親次
之賓客又次之親賓設帷道旁駐柩而奠柩至墓所
脫載主人男女皆依椁哭親賓拜辭而歸至親則執
紼視窆乃窆主人輟哭親視覆以銘旌乃如法下三
物實土而漸築之下誌石題主奉神主升車遂行主
人以下哭從之至家奉神主置於靈座而復哭　葬
之日日中而虞始用祭禮埋魂帛罷朝夕奠遇柔日
再虞遇剛日三虞葬之第四日陳牲設饌祭於墓祠
后土於墓左三虞後遇剛日卒哭祭明日祔祭如前
儀朞而小祥前期一日主人以下沐浴陳器具饌次
陳練服厥明夙興設蔬果酒饌祝出主主人以下入
哭乃出就次易服復入哭降神三獻初獻讀祝侑食
闔門啟門辭神上朝夕奠哭再期而大祥陳禫服餘
如小祥儀乃撤靈座斷杖棄之屏處大祥之後中月
而禫行禮
如前儀

祭禮　始祖則於冬至高曾則於春祖則於夏禰則於秋祠堂則於二分亦有祭於正歲者其禮先一日設位陳器省牲滌器具饌厥明夙興設蔬果酒饌質明行禮參神降神進饌初獻讀祝亞獻終獻侑食闔門啟門受胙辭神納主徹饌高曾祖禰之生及死之辰皆有奠節日皆有薦近世族家率增置祀田夏志墓祭或用清明前後三四日前期采藥和秫粉舂爲粢盛具牲饌厥明酒埽芟刈榛莽添淨土於墓上掛紙錢於松楸布席陳饌參神降神初獻讀祝亞獻三獻辭神乃徹遂祭后土布席陳牲饌降神參神三獻辭神乃徹而退　尋常之家時祭多不行惟忌日設主祭清明墓祭七月十五日及年節總用魚肉米麪不分亡者親疎祭之惟口通情意以代祝文初終各行四拜禮而止

時節之俗

元旦　舉家夙興長幼正衣冠然香燭治酒饌茶果南向拜神次拜先祖饗祀三日乃祭而徹謂之回饗次拜尊長次卑幼交拜然後出拜宗黨如有祠堂者合拜始祖於祠堂宗族卽相聚拜次拜戚友謂之拜年親故各以酒餚相徵逐謂之新年酒

立春　前一日官僚迎春東郊民間童子服綵衣乘騎前導鼓樂喧闐謂之迎春故事迎土牛入縣視牛色以辨雨暘豐歉次日打土牛謂之鞭春

穀日　天氣清明之夜仍裝童騎佐以燈爆金鼓迎於

城隍廟縣堂及各街道以祈穀謂之打燥

十四夜　各社廟懸燈婦女結隊同遊謂之遊十四以菜煮餈食之謂之亮眼湯

上元　民間各於祠堂社廟結綵幔懸花燈鼇山銀海爲傀儡戲獅子戲窮極奇巧比戶屏竹爲棚挂燈於下爛燈街衢謂之街燈鄉社人擎一版版聯二燈篆兩端而貫接之長數十丈前後裝龍頭龍尾可盤可走謂之龍燈又謂之橋燈　今橋燈惟金虎等邵尙爲之嵊無橋燈其龍燈則編竹爲之人持一節龍頭龍尾亦只各一人持之或布之溪流燦然星馳謂之水燈先二日起窮六日夜始徹

社日　用牲醴延巫祈於社廟謂之燒春福巨族演戲先後不以期限秋報亦如之

清明　緣門插栁用黏米采菁茵爲餻刲羊豚祭先壟掛紙加土祭畢聚族人讌飲謂之清明酒或偕少長遊賞郊外謂之踏青

立夏　煮紅豆飯燒筍不斷謂之健脚筍婦女以果品祀馬頭孃

端午　以角黍及品物相餽遺設蒲觴屑雄黃末於酒中釁其先乃自飲仍懸艾虎女子或以繭作虎小兒則綵繩繫臂綴繡符簪艾葉榴花采藥合藥率以是

日

夏至 祀先祖薦新麵日未出時視方色以占豐凶如東方天色赤主旱黑主水各方隅同雨則不占

六月六日 曬書畫衣物以除蠹損

七夕 爲牽牛織女聚會之期女子陳瓜果於庭以乞巧采槿葉沐髮以去垢

中元 七月十五日爲中元節俗謂之鬼節僧舍營齋供閭里作盂蘭盆會祀先以素饌浮屠然燈人家或然燈於樹或陳街燈或放水燈鬧諠以簫鼓僧道演法作佛事云以度鬼

中秋　夜置酒賞月

重陽　飲茱萸酒登高

下元　十月望日家祀其先

冬至　祀始祖於祠堂或用餛飩或用圓子亦有爲餻與餜者

各燕飲不拜賀

十二月二十四日　俗以是夜祭竈亦有以廿三夜祀者丐婦先數日送糖謂之祭竈糖自是人家各拂屋塵換門神貼春聯備過年品物償道則作交年保安疏以送檀越親戚酒擔食盒互相餽問謂之餽歲

二十五日　是日肆無索逋者

除夕　自過午即灑埽堂室掛紙錢於閫旁向暮然紙炮以代爆竹遠近腷膊之聲相聞不絕設祀曰送神已乃闔門集少長歡飲謂之分歲然長燭熾長炭圍爐齊坐謂之守歲

李令式圃晏蘇約昔晏平仲食不重味妻不衣帛祭先人豚肩不掩豆一狐裘三十年不以爲陋受君之賜散之父黨母黨妻黨蘇子瞻在黄州遵司馬溫公之訓宴不過五品更減而爲三稱三養曰安分以養福寬胃以養氣省費以養財予至嵊見鄉紳富家婦女多服紈綺婚嫁動費千金筵宴用珍味過於靡費

貧者相形見絀至鬻產借貸以效尤因與之約曰遵晏子之風婦女無多衣帛守蘇公之訓宴客無過五品留有餘以周貧困庶行之日久可以挽頽風起靡俗家保豐亨人敦禮教矣其幸遵而守之是爲約

附丐戸　丐戸莫知所自始相傳爲宋罪俘之遺故擯之曰墮民丐自言則曰宋焦光瓚部落以叛宋投金故被斥其內外率習汚賤之事男子每候昏喪家備鼓吹索酒食婦則習媒或伴送良家新娶婦四民中居業不得占彼所業民亦絕不冒之男業捕蛙賣餳拗竹燈檠編機扣塑土牛土偶打野胡方言跳鬼女則爲人家拗鬏髻梳髮爲髢四民中所籍彼不得籍彼所籍民亦絕不入四民中所常服彼亦不得服

籍與業至今不亂服則稍僭亂矣雍正元年御史噶爾泰題准照山陝樂戶削除其籍俾其改業自新與民同例毋得留爲汙賤乃籍雖削除而業終未改云

物產

穀之屬物產宜先九穀故志始九穀而及其餘　一曰稻周禮職方揚州其穀宜稻越絕書丁貨之戶曰稻粟令爲上種石四十　有秔有稉不粘者爲秔宜飯宜糕粘者爲稉宜酒宜餈　秔之屬曰早白一名馱犂歸夏末熟刈之可種稉謂之翻稻　宜州早一名下馬看　蚤占城一名六十日相傳唐太宗征占城得其種以歸今呼金城蓋音之訛　其次白皮暴皮一作婢　紅皮暴　黃巖早青　茅葉齊　黃齊早青　大穀青　平頭白　諸暨早

火稻俱秋後熟　泰州紅　縮頭紅　仙居早　信州白　徽州白　龍游早　紅占城　硬稈白　楝稈白亦占城之類八月乃熟　葉裏畔穗在葉中　寒占城得霜始熟以上各種穀長米尖均謂之早穀　晚大早　早大青　下露白　新城晚　烏節青　光頭赤　黃穀大青　紅米大青　老來赤　白藤朧　冷水秈　師姑秈　黃棟秈　九里香　白黏　晚青以上各種粒大米圓均謂之晚穀　稉之屬曰趕陳稉　早青稉　浮江稉　圻稉　珍珠稉　紫珠稉　虎皮稉　胭脂稉　丹陽稉　江西稉　赤殼稉　高腳稉　宜秋鵞晚稉　早黃稉　紅黏

秫　樫秫　青稈秫　水仙秫　白藤糯　羊鬚秫　黃碧金　落霜秫二種至冬乃熟　早稻可陸種穗如雞爪　一曰黍說文禾屬而黏可為酒越人謂之木粟稈大徑寸葉如蘆高丈餘米比粟殊大有大穗散穗等種亦有不黏者可飯　一曰稷即穄也苗頬黍穗如稻米大於粟稈大如指而高俗呼穄粟亦名蘆穄嵊不多藝　一曰粟氾勝之云粟即是禾早粟二月種夏熟晚粟五月種秋熟一種秫粟與晚粟同熟　類有百箭粟　羊角粟　白稈粟　牛繩秫粟　椎頭秫粟　臙脂秫粟　毛粟　丁鈴粟穗生兩岐　一曰粱即毛粟形如狗尾草色黃米白本草他粟無毛惟青粱黃粱有毛　一曰薏粟一名芭蘆亦名腰蘆本草綱目謂之玉蜀黍俗呼六穀甚耐飢　一曰

麥　大麥秋種立夏前熟屑作飦可續穀之乏　小麥秋冬種小滿而熟　早

大麥　中早麥　晚大麥　六稜麥　紅黏糯麥可作酒以上俱大麥毛詩謂之牟　小麥秋冬種小滿前熟　早白麥　松蒲麥秃芒如松以上俱小麥毛詩謂之來　米麥可飯　蕎麥非麥類盐稜穀也詩爾雅俱作荍荍紅葉碧花白子黑七月種喜霧九月熟畏霜食之去風濕之疾　一曰荍豆之總名

白豆　黃豆　青豆　烏豆　褐豆　綠豆　赤豆　赤小豆俗名紅細豆作糖餡花佳　虎爪豆　清明豆一名早豆麥未刈播麥行中　秋豆清明豆未刈播豆行中　田豆青白二種刈早白播田中　小白豆播山谷中皆大豆也毛詩謂之荏菽可作腐　茶葉豆圓長二種　豇豆莢長尺餘而軟俗呼裙帶豆莢短者曰短豇豆四五月熟俱可連莢煮食　刀鞘豆莢長幾尺而殼厚形似刀俗呼醬豆　豆莢亦名菜藊豆形長尺餘連莢蒸食　白藊

豆其黑者曰白眼豆又名鵲豆紫花者曰紫花豆莢長而尖者曰雞爪豆亦曰羊角豆一種編箕豆亦名扁眼豆皆可連莢作蔬蒸 毛豆一名七日豆 羅漢豆實可食苗可糞糞者多於實未堅時摘之實嫩時可生食實堅時可煮食乾而藏之可炒食或以水浸芽而食之剪之而炸之以油俗呼蘭花豆尤佳 豌豆一名蠶豆褐白二種子可食苗可糞 一曰麻 芝麻黃白黑三種亦呼油麻可醡油味香美今麻油以嵊爲勝 胡麻大宛種也道家以爲餌葛稚川云胡麻中一葉兩莢者名巨勝 苧麻可爲布

蔬之屬

芹一名水英葉如鼠耳莖長而白滑脆微辛 芥方言蘇芥草也有青紫白數種生四月者名春不老俗名春菜鹽乾耐久食 白菜即菘菜鮮醃俱佳乾尤勝 薹菜 黃芽菜菘之矮者 九英菘一名九心菜有細葉大葉各種醃而食之品最上和鉼尤佳乾亦美 油菜二三月食其心最美謂之菜薾亦謂菜蕻子可油 甜菜一名

莙蓬菜有冬夏二種

生菜　苦蕒菜葉如刀味似萵苣　萵苣亦稱萵菜　菠薐菜北戶錄波羅國獻薐菜火熟之能益食味菜以國名　雪裏蕻康熙字典四明有菜名雪裏蕻　萊菔一名萊蔔可鮮食亦可乾之作脯葉可鮮食乾之尤勝一種赤者亦可食一種黃者名胡蘿蔔葉似胡荽　蒿菜　石耳生四明山絕頂　石芥亦產四明山　木耳　茄一名落蘇紫白二種　蕈以茜赤之糟煮食之尤佳　韭韭白尤勝　薤　蒜一年爲獨蒜二年爲大蒜　胡荽　芋卽蹲鴟也　筍類甚多冬月取毛筍萌土中者爲冬筍亦名團筍清明出土爲毛筍早筍燕來時生爲燕筍雷時爲雷筍又有箭竹筍大竹筍俱可乾作脯而早筍尤佳　薯蕷一名山藥北戶錄云儲也爲麵餅味極美然產者絕少一種名番藷所在俱種之味亦佳　蓴葉如荇菜而紫莖大幾如箸葉底莖外天生一層明如水晶柔滑可羹合鮒魚食之佳　薺月令靡草卽燕麥也　蕨味似

嵊縣志　卷二十　風土志　十五

蔓蒿其根爲粉可當麵食

檡粉 檡一作柞郎詩作棫實名象斗如檔而長可粉可麵可腐亦名柞子橡櫪杍栩一物異名也

茭白 嘉泰志云今謂之茭首蓋茭心生臺至秋如小兒臂其白如藕而軟美異常每年移根滌洗極潔種之則無黑脈經年不種則黑脈生矣一名菰首

蔓青 一作蕪菁

紫

溫 藻屬

苜蓿 所在山谷多有之簇小白花俗名苜菜鹽乾醬肉不腐

薇 葉似豌豆亦可作蔬

莧 紫白二種

馬齒莧

猪獽莧 不種自生品劣不堪食

天茄 可作蔬亦可蜜漬

茶之屬 剡素以茶著凡產茶之地所出多上品而西山尤佳

宜家崗 充貢

瀑布嶺

五龍山

眞如山

紫巖

焙坑

大崑

小崑

鹿苑

細坑

焦坑

苦登 產四明山中

按剡錄云世之烹日鑄者多剡茶也日鑄以水勝剡清流碧湍與山脈絡茶胡不奇余畱剡幾年山

中巨非清甘深潔宜茶方外交以茶至者皆精絕所載茶品有瀑嶺仙茶五龍茶眞如茶紫巖茶鹿苑大崑茶小崑茶焙坑茶細坑茶九種今大崑茶以孔郁者爲佳小崑茶以油竹潭爲佳而南山九州峯之上鳩山茶甚甘美寺横路猶佳

果之屬

梅 有一種名金剛拳大如桃其實堅脆經秋不落

杏 沙杏梅杏二種

李 綠黃紫三種郡志云惟剡溪者見稱

桃 扁桃方桃盆桃棉桃秋桃酸桃紫桃夏白桃臙脂桃又一種冬熟者名雪桃

枇杷 一名炎精郡志云惟剡坑吳莊最多

棗 郡志云嘑山有棗嶀

生啖糖煮蜜煮俱佳一種青者今亡

栗 陶隱君云剡栗皮薄更甜又小者毛栗櫧栗二種

橘 種有大小又有如彈丸者曰金橘生食糖煮蜜煮俱佳亦可作餅如棗者曰金棗如豆者曰金豆可煮糖煮藏之剡錄引任昉述異記曰越多橘柚園越人歲稅謂之橙橘戶

柿 扁柿方柿米柿蔡柿牛心柿丁香柿等種

柰 漢武內傳會稽有果名棎亦柰屬也

林禽 與柰絕相似但差小

嵊縣志　卷二十　物產

右軍帖所謂來禽也北方人謂之沙果俗名花紅齊民要術云可麵

梨俗名梨頭

藤梨如梨而小味酸澁

櫻桃爾雅楔荊桃郭璞註今櫻桃有大小二種月令含桃鄭註今櫻桃

郁李毛詩謂之唐棣葉如杏花如紅梅千瓣子如櫻桃而小

香櫞俗偷香團切片縷花蜜收點茶

橙

柑

柚心可啖可醃皮可糖漬

木瓜糖煮作果乾收入藥

核桃

榧粗細二種粗者名火榧

榛栗之小者即儲栗之類

落花生蔓地而生嵊俗多種之

蓮子

藕

菱

芡

刺菱二角三角四角之別

芡雞頭子

蒲萄種出大宛水晶瑪瑙二種剡錄越剡間多碧蒲萄

石榴俗名金櫻避錢武肅王之諱也郡志剡中者佳有大紅水紅白瑪瑙五色千瓣結果

銀杏俗謂之白果粗細二種

楊梅異物志五月中熟大如梅味酸而甜

無花果不開花結實

鳧茨鳧喜食之一名勃薺皮厚色黑者肉硬皮薄色紫者肉脆

甘

蔗逭雅一名諸蔗一名都蔗或作邯蔗一種小者名糖幹可熬糖　山查郎櫨也亦作柤又名雅查俗名山裏果紅白二種嵊產爲佳木生者亦名紅果　黃精博物志太陽之草名黃精餌之可以長生有鉤吻似黃精食之殺人　爵梅叢生子如小豆酸甜可食　斑櫨實酸可食

蓏之屬

西瓜學圃雜蔬云金主征西域得之洪皓自燕中攜歸故名　甜瓜郡志剡西太平鄉產奇瓜紺翠如筒　鷺子瓜　苦瓜　黃瓜有刺　南瓜一名蔓瓜　絲瓜一名天羅　冬瓜　香瓜　壺蘆一名蒲瓜有五葉蒲牛胎蒲等種　瓠子　金瓜　北瓜

木之屬

松水經註嵊山臨江松嶺森翠　五粒松柏身松葉爾雅名樅　柏有渾柏匾柏側柏刺柏又有一片如手掌者名手掌柏　杉有刺杉溫杉　楓山有楓則落葉多而土肥　櫧櫧實俗呼烏櫧可蒸炒食之可麵可腐　樫似柏而香四明山爲多一

名河柳

檜　柏葉松身剡錄谷間有絲檜益奇

椿　剡山谷多此木葉香者可菹

檀　郡志宋南渡初製五輅以檀為軸取諸嵊

黃楊

槐　花可染綠

柞　即檡櫟屬子可瀝粉汁可染皁互詳果屬檡粉風土記始甯剡界多柞木吳越之間名柞為櫪

桐　圖經出桐柏山其類有四青桐枝葉俱青無子梧桐皮白葉青有子而木高大周汝登詩梧桐葉葉動高風白桐有花有子三月間開白黃紫色子可醡油崗桐似白桐無子宜作琴瑟有一種刺桐材中宮室器用然易蠹

梓　材中棟梁水經注謝車騎居嶀山東北起樓樓側桐梓森聳

楸　與梓本同末異

漆

椶櫚　十道志剡山谷間多植之一皮一節可為雨具

穀　一名楮皮可為紙有液畫家用以施金最良

樟　即豫章木甚大而香材中宮室舟車西陽雜俎江東人以樟為船

樸　草木記厚樸得之剡溪皮雖香不若南番之厚

棟

柏　亦名烏柏子可油亦可燭

石楠　魏王花木志石楠野生三月開花剡山谷多此冬時葉尤可愛

櫒　輿地志曰越太平山

生櫟木剡錄云剡多此木非止太平山也宜爲櫨按櫟性多直力爲柱最宜

冬青

白楊

相思木平泉草木記相思木得之剡溪三異記述異記皆云戰國時魏有民戍秦妻思之卒塚上生木枝皆向夫所謂之相思木吳都賦相思之樹注云樹理堅斜斫之有文可爲器

栲皮可染綱

杞

狗骨

馬鞍刺葉如馬鞍有刺

虎刺木本圓葉子如天竹可作盆玩

盆松

羅漢松

竹之屬

龍鬚竹萬歷志長而節疏

斑竹

紫竹可爲笛管九節者佳

鳳尾竹萬歷志葉細小亦慈竹別種

苦竹筍味苦不堪食有黃苦白苦紫苦幹有細而直可作筆管圖經越出筆管剡錄苦竹以黃苞推第一謂之黃鶯苦他如頓地苦堅中可爲矛掉穎苦節疏又有湘簟苦油苦苦其類甚多

蘆樓竹郡志嶀山有蘆樓嶀竹竹譜蘆竹膚

石竹山居賦注石竹本科叢大以充屋椽巨者竿挺之屬

淡竹可煮爲紙

桃枝竹

爾雅桃枝四寸有節可作簟西京雜記所謂流黃竹也竹小而密人家多植以爲籬援

毛竹 所在山谷多有之幹大而厚邑人取以爲筏餘用甚廣生金庭者節節有毛四明洞天記云毛竹叢竹叢生澗邊李衎竹譜云金庭洞天有毛竹又名銀筍竹

貓竹 或云郎是毛竹亦作茅竹或云別是一種

雷竹

方竹 剡錄玉岑山所植

油竹 剡中甚多

慈竹 冬月筍生外繞其母故又名孝順竹又名王祥竹西陽雜組夏月經雨滴汁下地生蕈似鹿角色白食之已痢或云慈竹郎是桃枝又名四季

水竹 依水而生四季生筍八家以爲宅援

對青竹 古今記竹黃而溝青有節若間出此竹惟會稽頗多名黃金間碧玉或稱閉竹亦曰越閉竹

箹竹 郎筆竹剡中多有有早筆晚筆黃筆綿筆

燕竹 以燕來時出筍甚美故名

人面竹 剡山有之竹徑幾寸近本二尺節急促四面參差竹書如魚鱗而凸頗類人面爾雅莽數節

筋竹 羅浮山疏堅利可爲矛酉陽雜組筍未竹時可爲弩絃剡錄越中處處有之剡筍爲多

箭竹其名篠爾雅會稽竹箭是二物剡五龍山有一節三尺者 天竹冬月結子圓而紅 公孫竹長不盈尺可供盆玩

花之屬

梅花白梅紅梅玉蝶梅綠蕚梅照水梅有臺閣重開者郡志千葉黃梅剡中爲多今亡 蠟梅郡志亦剡中勝花有紫心者青心者紫者色濃香烈謂之辰州本 桃花單瓣者有大紅粉紅重瓣者有絳碧二種又有一種緋桃花如剪絨有二色桃花開二色 杏花 牡丹花有紅紫黃白數種郡志有單葉而著花至數十莖者 芍藥紅紫白單瓣千瓣諸種 海棠西府紫錦爲上垂絲貼梗木瓜次之秋間開者曰秋海棠即西府種剡錄今山間多野海棠 木蘭一名望春狀類木筆而白其材大可合抱質輕而勁可作箭笴 紫薇俗名百日紅 凌霄花其蔓倚木直上即詩苕之華 丁香 白丁香剡山絕多 山茶單瓣大者曰日丹瓣重疊差小者曰寶珠瓣有紅粉者 荷爾雅

芙蕖其花菡萏紅白二種皆結蓮有錦蓮白蓮四面蓮並頭蓮品字蓮臺蓮花謝房復吐萼又有金蓮色黃今亡

芙蓉 一名拒霜

桂 一名木犀有黃白紅三種草木記木之奇者剡溪之紅桂

四季桂 寶慶續郡志植在剡之雪館周志有四季桂雪桂皆高文虎雪館所種

葵 有向日葵蜀葵錦葵戎葵落葵紅葵等種

菊 古作鞠郡志剡中高氏雪館種菊一二百奇者紫菊丹菊今有一種墨菊尤奇

波斯菊

萬壽菊

滿天星 菊之小者黃白二種白者入藥

薔薇 有牛棘牛勒山查蘠蘼等名有紅黃白三種

石巖 剡錄花比杜鵑尤紅先放葉後著花

梔子花 一名玉樓春陶貞白云梔子剪花六出刻房七道芬芳特甚相傳卽西域薝蔔花或曰非也薝蔔金色花小而香梔子花白有二種山梔生山谷中花瘦長而香奇絕水梔生水涯花大倍于山梔而香稍減亦有園栽者今名玉一枝又有千葉梔六月初開格物總論云梔子花葉差大者謝靈運目爲林蘭山居賦林蘭近雪而揚猗豈卽此歟

瑞春 一名睡春紅白二種

西白山產此山礬木槿即毛詩舜華有紅白單瓣重瓣等種白者樹較高大荼蘼亦作酴醾有紅白黃三種黃者尤可愛玉簪紫白二種玫瑰木香黃白二種木筆一名辛夷石竹有白紫有五色罌粟一名米囊花有單瓣重瓣者自鴉片興而人多田種矣萱一名鹿蔥黃色可蔬名金針菜俗多與木耳同食詩作諼云可忘憂木棉花一名吉貝可布可絮紅花可染章花亦名紅花茜一作蒨可染貨殖傳千畝巵茜俗名廣東茶雁來紅如莧而赤即後庭花一名老少年長春花即月月紅一名月季花茉莉剪春羅剪秋羅鳳仙花俗名染指頭花莖亦可食粉團虞美人海繡毬雪團花比繡毬較小又有一種藍色者尤佳剡中亦少靚太平邢氏愛吾廬常種之玉蝴蝶紫白二種又有金絲蝴蝶亦名金絲海棠雞冠五色又有矮雞冠姊

妹花一叢七八蕊 子午花午開子謝 夜合一名合歡一名青囊 夜嬌嬌日出輒萎 絲秧花 杜鵑 水仙 落湯紅

草之屬

鹿胎草詳見鹿胎山下 芝石芝木芝卓芝菌芝 蘭蘭品甚多瓣白而圓者爲上 蕙耐剮異名考一幹一花而香清者爲蘭正月開一幹五七花而香濃者爲蕙三月又有一種自福建來名建蘭一開一幹六七花秋開亦蕙屬也 珠蘭花如金粟甚香宜茶

菸種出呂宋國一名淡芭菰一名相思草剡中種者甚多販之鄰郡頗獲厚利 長生草又名卷柏生四明山取懸簷間雖甚枯得水即葱翠 恆春草一名千年潤俗名萬年青唐省試有方士進恆春草題梁鍠有詩 鬱金香草古人以釀酒供祭祀曰鬱金 翡翠草蔓生盈庭如翠毯 昌蒲荃也陶貞白云古人謂之蘭蓀生于水者名溪蓀一名白昌一種有節如劍一種節甚密生石上名石菖蒲又名昌歜又有一種虎鬚菖蒲 溪蓀今東

澗溪側有之根形氣色極似石昌蒲而葉無脊即水昌蒲亦名白昌韓退之昌陽引年是也

菰 節中生米可食即雕胡也

蒲盧

葦

蒹葭

莞草 有二種一種爲蓆草一爲燈心草今剡中多有種之者太平鄉善織蓆

茝 即白芷

藍草 可染山人多種之爲業

荇 越人謂之荇菜叢生水際莖如釵股一名接余葉在莖端隨水淺深陸璣云接余上青下白

艾 一名冰臺

艾蒿 似艾而細芳馨襲人束之成把可辟蚊

芸 今有一種七里香葉類豌豆作小叢生其花極芬經秋葉間微白如粉汁辟蠹殊驗

薇草 剡錄五龍山重岡複嶺山坡產薇爲異草

大蓼 一名馬蓼莖大微赤生水澤中高丈餘說文龍天籥詩隰有游龍皆謂此也

虞蓼 蓼之小者水澤間所在多有陸地亦生之土人謂之辣蓼詩予又集于蓼吳越春秋越王臥則攻之以蓼即謂此也

黃荆 可罯醬

蘋 韓詩沈者曰蘋浮者曰藻似槐葉生道旁淺水中與萍雜至秋則紫越人謂之馬藻亦呼紫藻

萍 無根而浮常與水平

故曰萍俗謂之藻言隨風漂蕩萍喜滋生或云一夕九子故謂之九子萍　紫荷偏野種之木花時柔嫩可蔬二三月間紅花爛然似錦故名紅花草冀田甚肥又有輪盤草開黃花結子如輪盤小而圓有芒刺山田多種之　薜荔在屋曰昔邪在牆曰垣衣　葉下紅汁可療聤耳

芭蕉　苔

羽之屬

鶴　鵠剡錄云見山居賦廣志黃鵠出東海　鴒剡錄云見山居賦

巧婦鳥剡錄云見舊經鷦性巧巢至精若刺襪又名襪雀　鵯鶋即鴉舅也亦名鳥臼見張祜詩　白鷳　雞　雉鸐也尾長其類有鷂埤雅雉之健者爲鷂見山居賦

鵞爾雅舒雁鵞　鴨尸子家鴨爲鶩野鴨爲鳧　雁　燕　鳩鳩類甚多鳴應晴雨者俗呼鵓鴣　鴉烏純黑而反哺者謂之烏小而腹下白不反哺者謂之鴉俗呼老鴉烏白項而羣飛者則謂之燕烏云

鵲一曰乾鵲俗呼喜鵲淮南子鵲巢向太乙博物志鵲背太

蒼　鷗　鷺鷥剡錄曲渊剡溪唐郎中所居詩開池延白鳥郎鷺也　鷹　鶻

鶻　雀　鴿俗呼鵓鴿　隼　鳶　布穀毛詩所謂鳲鳩也一名戴勝月

令戴勝降於桑　紫背　鷓鴣背臆前有白圓點文多對號嗁則自呼其名曰鉤輈格磔

姑惡　鵜鶘形似鶚頷下胡大數升用以盛水貯魚好羣飛沈水食魚其鳴自呼一名淘河

一名洿澤嵊不多有有則大水　鸕鷀剡錄剡溪漁舟載以捕魚　百舌　畫眉

剡錄剡林谷間多此鳥　鵪鶉鵪一作鶴　黃頭鵪鶉之屬善鬭　鳴鴿

竹雞充貢形如鷓鴣褐色斑赤文嘑曰泥滑滑白蟻畏之　杉雞　告天　斲

木　伯勞　鸂鶒　魚鷹剡錄舟過嵊江一禽如雪擒魚健於隼問之漁人曰

魚鷹也　鶯毛詩謂之黃鳥一名倉庚　山鵲一名鸒鳩　錦雞似雉而多文采

鸛春至巢高木上哺子秋去海上　鶺鴒鵲之屬長尾腹下白頸下黑飛則鳴行則搖越

八日雪姑　鴛鴦　婆餅焦剡錄梅聖俞詩婆餅焦兒不食爾父向何之爾母山頭化爲石化石可氽何遂作嶶禽嘑不息　鵁鶄　黃雀白露來霜降去　拖白練那志嵊玉岑山最多尤可愛玩　吐綬鳥生太白山狀如雞文采五色口吐綠綬長數尺古今注謂之舒囊　杜鵑一名子規夜嘑達旦血漬草木凡鳴皆北嚮嘑苦則倒懸於樹一名謝豹　白頭翁　翡翠李易剡山浴鵠池詩翠光爭水鳥謂此也　麻雀　蝙蝠爾雅釋鳥蝙蝠服翼

毛蟲之屬　牛　羊　羱似吳羊而大　犬　獅子狗　金狗倭而有髭鬣　豕　馬　驢　騾　虎　豹　豺　鹿在山爲鹿在澤爲麋麋鹿性陽麋性陰　麂一作麠狗足趫捷捕之必於雪中　麞王梅溪嶀山賦云又眘麖滯之蹤　獺　貍有九節貍五段貍玉面貍元時充貢　熊產西

山有狗熊人熊豬熊絕少　赤玃西白山趙廣信昇仙處有之呂氏春秋猨五百年化爲玃　狐　貉　蝟　兔　貛　麕麞屬　猿白者　貓　鼠

碩鼠　貛豬　獋豬一作豪豬其毛可簪舊志作野豬從俗稱也山海經有獸焉其狀如豚而白毛大如笄而黑端名曰豪彘注貆豬也夾髀有麤毫長數尺能以脊上毫射物取食之貆或作貑吳楚呼爲鸞豬亦此類也又按劄錄劉禹錫進野豬狀曰收刈之餘田獵有獲異於芻豢著在方書

綿貓　栗鼠　松鼠

倮蟲之屬

蜂一名鐵蜂　蠶再蠶謂之原蠶一名魏蠶土人謂之夏蠶亦曰熱蠶晚蠶春蠶四眠餘蠶三眠俗謂蠶眠爲幼以蠶死爲眠熟故諱爲幼　蟋蟀一名蛩亦名寒螿亦呼促織　絡緯一名莎雞俗呼紡績娘　蝸牛　蜥蜴一名守宮俗呼蝘蜓蛇

寅蚧一名錦襖上春寅日出　螢月令腐草爲螢有挾火據火熠燿等名　蝴

蝶栩翅有鬚名蝴蝶列子烏足其葉爲蝴蝶　蜻蜓青赤各色　蚯蚓　蟬

蜈蚣　蛇其類夥而鳥稍尤多　蜘蛛　伊威　壁虎　蠐螬

蟫蠹魚也　螳螂　螻蟈　蛙亦作鼃一名坐魚土人謂之田雞亦呼水雞　蚱蜢　蝦蟇　蟻　白蟻　不蟻不蟻蟻之半身者惟貴門山翔鸞館有之

蠅　蚋　蚊　蝱　蛭

鱗之屬

鯉紅色脊中鱗一道大小三十六數　鱸　鯽　鯖　鯔色黑如緇而扁秋自江而上九月則去味最佳　白魚剡錄嵊山下巨潭白魚所聚大者二三尺頭昂者第一尾赬者謂之追紅白　青魚剡錄向過嶀江漁人數連網得此魚可三四尺　鰱剡錄鰱即鱮也詩箋曰鱮似魴而頭大諺云買魚得鱮不如食茹　鱠　鱧黑色諸魚中惟鱧魚肥甘可食有舌鱗細有文與蛇通氣其首戴星　白鰷莊子儵魚也形狹而長故名

石斑　吹沙　鱓　鮎　鰻　鯽一名鮒喜聚遊鯽言相卽鮒言相附也　鮬卽鱖也桃花時最美　金魚赤者多亦有黑白者　虎頭魚　鯇

鰌亦作鰍　獏猔魚山陰西北有獏猔湖產此魚今剡中有無鱗魚色黃有刺名黃顙魚亦名黃鰭魚卽獏猔之類　彈塗萬歷志甚小水澗則跳亦名跳魚

介之屬

黿嶀浦潭有大丈許者時出曝沙間　龜　鼈　蟹酉陽雜俎蟹八月腹內有芒眞稻芒也長寸許向東輸於海神未輸芒不可食也其種大小不一有紫蟹黃甲石蟹沙蟹　蟛蜞白玉蟹等名　鰕　黃蝦　穿山甲　蚌　蛤　蜆　螺小者名螺螄　吐鐵桃花時最佳

藥之屬

天門冬　麥門冬　白朮剡錄剡山有朮今種者甚多然以自生者為佳　蒼朮　茯苓剡錄引章孝標詩剡山多喬松其下多茯苓　何首

烏 芍藥 貝母 沙參偶然有之不可多得 丹參 苦參 元參 參三七所在俱有然不可多得 地黃謝靈運山居賦曰采石上之地黃剡人亦種之 仙茅剡亦有仙茅人少采耳 石斛 烏藥 卷柏 青箱子 石葦 鹿含草 貫衆亦名管仲 白河車 薯蕷一名山藥已見蔬屬 半夏 五味子 天南星 桔梗 牛膝土牛膝隨處有之 細辛亦曰少辛 薏苡仁 瞿麥 旋覆花一名金沸草 葛乾葛入藥 茵蔯蒿 青蒿 前胡 土黃連 香附子 紅花 杜仲 黃蘗 厚樸 牡丹皮 五加皮古墓間最多亦有園種者一名金鹽 山梔花屬也藥亦用之以生山者爲良 蒲公英 威靈仙 射干 柴

胡　玉竹　百部可毒蟲　小茴香　枸杞子　地骨皮　覆盆子一名蘆蒂蓬所在山谷多有之西白山産者樹高丈餘實大如楊梅熟則甘多酸少小兒採之盈筐日售於市　山莓實如覆盆而空心味較甘蔓生山谷間入藥勝於覆盆　牛蒡子一名鼠粘子　車前爾雅芣苢馬舄郎車前也穗如鼠尾主滑竅利小便　女貞子郎冬青樹子十一月采　迎仙子　五倍子充貢　鉤篠　百合可作果食　蘇子紫蘇産亦多　皂角　地膚子　桑白皮充貢　防己　骨碎補　青木香　仙靈脾　劉寄奴治金瘡詳見宋武帝紀此其得名之始也生剡中山谷間甚多開小白花子亦白五六月開莖之如雪土人名六月霜溫中消食之劑宜用之蜀本草名烏藤菜　金銀花籬落短垣間蔓生小白花芳馨可愛　夏枯草　毛茨菰　黃精互見果屬石鼓山多

黃精今剡山處處有之採之盈擔蒸而食之甚甘　紫花地丁治疔　穀精草　款冬花　忍冬一名金銀藤亦名鷺鷥藤鷺鷥藤生水涯香如酴醾茉莉

仙橋草　馬鞭草　烏喙草　益母草子名茺蔚俱主婦科

龍胆草　牽牛子黑牽牛一名黑丑性甚烈早開小青花見日則萎　白蘞

白薇　鬧楊花　澤蘭　豨薟草　蒼耳子一名卷耳一名枲耳子小而有芒刺　剪刀草　薄荷本草綱目吳越人多以代茶其性涼產剡中者味厚　艾見草屬　枳殼　括蔞　千里光　芡實見果屬

半枝蓮　旱蓮　六角蓮　薺苨　萹蓄　椒俗名花椒其樹莖葉亦甚芳烈　風茄　桑寄生　紫背天葵　過山龍　山海羅　金蒂鐘　金線重樓紫白河車之類　入

角金盤西白山有之治疽有神效　石葦　虎杖爾雅蒤虎杖郭璞注似葒草可以染赤圖經本草越州處處有之如竹筍狀上有赤斑點

馬兜鈴　木鼈子本草釋名木蟹今杭越皆有之簶生葉有五椏狀如山藥

麝香菜剡錄西山有之即紫苑苗也

禹餘糧博物志禹治水棄餘食於江越舊經嵊北餘糧嶺產禹餘糧本草太一餘糧本一物而以精粗爲名萬歷志禹餘糧卽山奇糧也產山谷間服之不饑療疽毒瘡今所在有圓石如拳碎之內有屑如餡或類麻豆餡隨人所欲而得亦名禹餘糧可入藥

金櫻子　蟬蛻

望月砂　夜明砂　鹿角鹿茸　朱砂寰宇記會稽歲貢丹砂剡錄剡崖谷間亦有之人不知采耳

鍾乳山居賦訪鍾乳於洞穴靈運自注曰近山之所剡崖谷亦生焉梅福四明山記南一峯石壁數穴生石乳

蛇黃圖經本草大如丸堅如石外黃內黑蛇冬蟄時所含土春則吐之

無名異　石蟹　石燕梅福四明山記南峯之北

巖生石燕

紫石英諸暨最多剡亦有之

水石英一頭微著石采取必於露未乾時

雲母石剡錄剡山壁嶺道間所生石色晶瑩葛洪丹經用雲子者雲母也皮日休詩清曡一器是雲華注雲華雲母別名

貨之屬

棉布　強口布強口剡地名嘉泰志以麻爲之機織殊粗而商人販婦往往競取以與吳人爲市　綿紬古謂之繭布毛詩傳袍繭也禮記玉藻纊爲繭　蠶絲

綿絹　縐紗嘉泰志剡出縐紗尤精其絕品以爲暑中燕服如絓冰雪然雖剡之居人亦不能常得　綾嘉泰志出於剡縣昔所謂十樣花紋者今不盡見惟樗蒲綾最盛註以狀如樗蒲子名

苧布　扇　蓆　筆　筆管　蒙心鑞燭之心

栲皮　香葉可爲香　靛青　瓦　磚　瓦甕　泥

缶　燭　剡藤紙名擅天下式凡五　硾箋藤用木稚擣治堅滑光白者曰

硾翌

玉版牋瑩潤如玉者曰玉版牋蘇軾詩云剡藤開玉版即此也

澄心堂牋用南唐澄心堂紙樣

粉雲羅牋用蜀人魚子牋法宋陳端詩雲母光籠玉楮溫云云詩見文翰

敲冰紙萬歷周志邑之極西水深潔山叉多籐楮敲冰時爲之益佳蓋冬水也

苔牋南人以海苔爲紙其理縱橫邪側故名側理紙剡之藤紙得名最舊其次苔牋

月面松紋紙見談薈又陶穀清異錄先君藏白樂天墨蹟兩幅背之右角有方長小黃印文曰剡溪小等月面松紋紙臣彥古等上彥古得非守臣之名乎云小等始亦有大等或中等者

楮紙楮一名穀一名構皮白者爲穀皮斑者是楮有瓣者曰楮無瓣者曰構古之剡籐名天下今剡中楮紙浸有佳者不在徽池之下剡錄剡溪作冰紙亦取此

竹紙嘉泰志剡籐紙得名最久其次苔牋然今獨竹紙名天下他方效之莫能仿佛遂掩籐紙矣工書者喜用竹紙滑一也發墨色二也宜筆鋒三也卷舒雖久墨終不渝四也不蠹五也竹紙上品有三

曰姚黃　曰學士以太

守値昭文館陸公彰所製得名曰邵公以提刑邵公鱗所製得名展手三等外又有名展手者其修如常而廣倍之東坡自海外歸與陳德孺書云告爲買杭州程奕筆百枚越州紙二千幅常使及展手各半小竹紙自王荆公好用小竹紙比邵公樣尤短小士大夫翕然效之建炎紹興以前書簡往來率多用焉後忽廢書簡而用劄子劄子必以楮紙故一時竹紙稍不售花牋　小簾牋　南屏竹紙工細白瑩者厥製惟艱作者絕少近惟花牋小簾南屏等製造尚便頗爲利市府志云今爲紙者用竹俱收於筍長未甚成竹時乃可用民家或賴以致饒

嵊縣志卷二十一

經籍志

胥人談元理戴氏父子願治經高似孫謂二戴著書一本經學特爲裒錄著目旁及王謝許阮下逮顧歡詑葛洪凡四十二種道光李志復搏擴史乘增錄百六十一種釐爲經史子集四類竊以寓賢方外著述苟無關剡中故實及非在剡時著者不宜攬入然一切去之似沒前人蒐採之勞因姑仍前志門目畧表去取之意覽者當自有別擇也志

經籍第十一

經類

王弼易注南齊書顧歡傳注王弼易二繫學者傳之

易參五卷李府志明喻安性著

卦說六十四篇坤貞四則乾隆李志吳應芳著

尚書百問一卷隋書經籍志齊太學博士顧歡撰

毛詩集解序義一卷隋書經籍志顧歡等撰

詩經附志府志明王三台著

詩學解府志周汝登撰

讀詩補箋乾隆李志國朝喻恭復撰陳洪綬序

詩經求故新纂國朝邢佳畹著

春秋傳說分記五十卷 府志宋單庚金撰

春秋傳說集畧十二卷 府志單庚金撰

春秋經傳解十卷 萬歷府志許瑾字子瑜撰

春秋辨義 道光李志國朝鄭文蘭著

月令章句十二卷 唐書藝文志晉戴顒撰

周禮輯要 道光李志國朝鄭文蘭著

論語增集說約 府志宋單庚金撰

中庸傳一卷 剡錄晉戴逵撰

中庸傳二卷 隋書經籍志戴顒撰

四書宗旨 府志明周汝登撰

四書附注　府志王三台撰

四書廣義　乾隆李志國朝裘光鎔著

四書解　道光李志裘式玉著

四書講義　道光李志吳桂先著

五經大義三卷　隋書經籍志晉戴逵著

五經纂要一卷　劉錄戴逵撰

經論三卷　張志唐秦系著

五經摘解　乾隆李志國朝徐一鳴著

五經疏解　乾隆李志裘光鎔著

五經便覽　道光李志周大用著

史類

戴氏譜一卷剡錄晉戴顒撰

葛仙翁别傳一卷剡錄

戴逵别傳一卷剡錄

阮裕别傳一卷剡錄

阮氏譜一卷剡錄

王羲之許先生傳一卷唐書藝文志

王羲之别傳一卷剡錄

王氏世家五卷剡錄

支遁傳一卷剡錄

王氏家牒十五卷剡錄

謝氏家牒一卷剡錄

竹林七賢論隋書經籍志晉戴逵撰

政綱一卷南史齊顧歡撰

平剡錄一卷唐書藝文志鄭言撰

奏章三卷萬歷府志宋姚舜明撰

司馬遷史記注二百三十卷會稽續志姚寬撰

補注戰國策三十一卷會稽續志姚寬撰

弩守書會稽續志姚寬著

戰國策注三十三卷欽定四庫書目舊本題漢高誘注今考其書實宋姚宏因誘注殘

本而補之其中二卷至四卷六卷十卷爲誘原注餘皆宏所補注也

乾道奉使錄一卷書錄解題姚寬日記

奏議一百卷府志趙子潚撰

剡錄十卷欽定四庫書目高似孫撰徵引賅洽多唐以前遺文軼事其先賢傳必注所據之書可爲地志紀人物之法其山水紀仿酈道元水經注例脈絡井井亦可爲地志紀山水之法

會稽三賦三卷欽定四庫書目王十朋撰嵊縣周世則嘗爲注會稽風俗賦

千古功名鏡十三卷新纂吳大有著見采集浙江遺書錄

嵊縣志十八卷浙江通志元至正間許汝霖修

嵊縣志浙江通志明成化甲午縣令許岳英屬邑人錢悌修

嵊縣志十卷浙江通志宏治辛酉縣令徐恂屬邑人周山夏雷等修

嵊縣志十三卷 內閣書目萬歷戊子周汝登撰

嵊志備考 浙江通志王國楨輯府志作嵊獻

兵部奏議二十卷 府志王心純撰

孝行傳 府志鄭漢千字五雲撰

全史類函 乾隆李志國朝商洵美字培世撰

歷朝女鑑四卷 道光李志裘組著

嵊縣志十二卷 康熙癸亥縣令張逢歡屬邑人袁尚衷等重輯

嵊縣志十八卷 乾隆壬戌縣令李以炎輯

嵊縣志十四卷 道光戊子縣令李式圃輯

子類

竹譜新纂戴逵著見黄庭堅書

老子音一卷隋書經籍志晉戴顒撰

逍遥論宋書戴顒傳述莊周大旨注逍遥論

戴氏琴譜四卷剡錄戴顒撰

相馬經道光李志支遁撰

支遁經論三卷剡錄

議論備豫方一卷隋志于法開撰

謝靈運游山志一卷剡錄

謝靈運山居志一卷剡錄

抱朴子内篇二十一卷隋書經籍志葛洪撰

抱朴子外篇三十卷隋書經籍志葛洪撰

神仙傳十卷欽定四庫書目葛洪撰所錄凡八十四人

老子義綱一卷老子義疏一卷隋書經籍志齊顧歡撰唐書作道德經義疏四卷義疏治綱一卷

夷夏論一卷隋書經籍志顧歡撰

神仙可學論一卷唐書藝文志吳筠撰下九種同

元綱論一卷

兩同書一卷

明眞辨僞論二卷

輔正除邪論一卷

辨方士惑一卷

心目論一卷

復淯化論一卷

蓍生論一卷

形神可固論一卷

梁眞刊謬論一卷 通志吳筠撰

泰系注老子一卷 道光李志

西溪叢語三卷 欽定四庫書目宋姚寬撰其書考正舊文多精確之處

五行祕記一卷 會稽續志姚寬撰

玉璽書一卷 會稽續志姚寬撰

子畧四卷目錄一卷　欽定四庫書目高似孫撰首卷冠以目錄由漢志隋志唐志庾仲容子鈔馬總意林至鄭樵通志藝文畧所載諸子皆存其書名而削其門目畧注卷數撰人於下其下四卷則似孫所論斷凡三十八家雖品題未必盡允然皆實覩其書非鄭樵焦竑輩輾轉販鬻徒見書名者比也

硯箋四卷　欽定四庫書目高似孫撰一卷爲端硯二卷爲歙硯各附以詩文原有硯圖四十二今已佚三卷爲諸硯品四卷則詩文之爲諸硯作者

蟹畧四卷　欽定四庫書目高似孫撰分十二門以補傅肱之遺曰蟹原蟹象蟹鄉蟹具蟹品蟹占蟹貢蟹饌蟹牒蟹雅賦咏雖偶有疎舛而較傅譜爲詳備

緯畧十二卷　欽定四庫書目高似孫撰似孫子畧即論諸子騷畧即論楚詞惟此書以緯畧爲名而非論緯書大抵皆考證舊文疏通疑滯採摭頗富

騷署高似孫撰

默記三卷欽定四庫書目王銍撰所記皆汴京朝野遺聞惟末一條爲考證曹植感甄賦事

松下偶鈔萬歷府志吳大有著

醫學祕集張志明求澧著

歸田錄府志胡淮字宗豫撰

太極圖解一卷萬歷府志周山撰

宗旨證參李府志王應昌撰

聖學宗傳十八卷明史藝文志周汝登撰

程門微旨一卷浙江通志周汝登撰下六種同

王門宗旨十四卷

東越證學錄十二卷

海門語錄一卷

海門或問一卷

聖行宗系助道微機

楊邵詩徵

名山息游 府志周光臨撰

聖學正宗 張志王國楨撰

敬時錄 乾隆李志王國楨撰

內則徽音 乾隆李志王國楨撰

類抄十二卷 府志袁祖憲撰

理學譜 道光李志 張守佐著

洗心錄 張守佐著

及幼仁書六卷 道光李志 國朝裘綸著

花卉圖考四部 道光李志 邢樹著

詩學叢談 道光李志 柴際春著

集類

王羲之集九卷 隋書經籍志

許詢集三卷 隋書經籍志

孫綽集十五卷 隋書經籍志

戴逵集九卷 隋書經籍志 唐書藝文志作五卷

謝元集十卷唐書藝文志剡錄作十五卷

沙門支遁集八卷隋書經籍志

謝靈運集十九卷宋書本傳唐書藝文志作十五卷

謝靈運詩集五十卷唐書藝文志

謝靈運設論集五卷唐書藝文志

謝靈運連珠集五卷唐書藝文志

謝靈運集鈔十卷唐書藝文志

謝靈運七集十卷唐書藝文志

謝靈運詩英十卷唐書藝文志

謝靈運回文詩集一卷唐書藝文志

謝靈運賦九十二卷剡錄

顧歡集三十卷隋書經籍志

顧歡文議二十卷南史本傳

朱放詩一卷唐書藝文志

吳筠集十卷唐書藝文志

宗元集三卷附錄元綱論一卷內丹九章經一卷欽定四庫書目吳筠撰

秦系詩一卷唐書藝文志

元英集八卷欽定四庫書目方干撰

僧靈澈詩一卷文獻通考字元澄越州人劉夢得序按唐書藝文志作十卷輿地紀勝作二

十七卷俞志作二十卷

僧靈澈酬唱集十卷 唐書藝文志

雪溪集五卷 欽定四庫書目宋王銍撰其詩大致近溫李在南宋初年爲別調

文苑英華鈔 高似孫輯

疏寮小集一卷 欽定四庫書目高似孫撰

江村遺稿十二卷 高似孫著

晦溪餘力稿 府志單庚金著

姚舜明詩文十卷 萬歷志

補楚辭一卷 萬歷府志姚舜明著

西溪居士集 書錄解題剡川姚寬撰會稽續志云十卷

西溪樂府一卷書錄解題姚寬撰

石窗集張志許薦著

雪後餘清飯牛茗味歸來幽莊等集府志吳大有著

雪篷稿一卷名賢小集剡溪姚鏞字希聲著

許子文集張志許瑾著

曲溪集張志商又新著

東岡集禮庭遺稿萬歷志元許汝霖著

紀蹟錄萬歷府志張輪撰

休休吟張志張倫著

剡溪吟稿府志王原暐字彥夫著

玉斤集　宏治府志王璘字公玉撰

宣城稿　府志明王淲字施道著

雷山牧子吟　王淲著

林泉稿　乾隆李志王蘭撰

丹泉詩稿　乾隆李志袁楞字仲奎撰

牧謙文集　府志史原信著

越山鍾秀集　府志求漁字宗倘輯

蘭室遺稿　張志求漁著

蘭陵稿　府志求澧字宗衡著

千齋稿　府志王鈍字希敏著

雅音合編張志王玭著

巽齋稿府志張世軒字晁之著

羅湖集乾隆李志吳公義著

讀杜愚得十八卷百川書志單復亨撰

年譜詩史目錄一卷百川書志單復亨撰

西溪集十五卷萬歷府志張胃字仲翼著

駿軒集萬歷府志張燦字蘊之著府志作駿齋

擬離騷二十篇周志張璨著

扶搖集府志錢濟字汝舟著

安齋集於越新編周山字靜之著

寓陵集 府志王輔 字廷佐著

澹齋稿 李府志楊浩 字木洪著

頤菴集 萬歷嵊縣志錢 紱字仕彰著

古齋稿 府志錢悌 字舜夫著

菊莊集 萬歷嵊縣志周 泰字叔亨著

東瀛集 黃氏書目 陳珂著

九溪吟稿 黃氏書目 陳珂著

古愚集 府志周嶧 字魯之著

坦安集 萬歷府志 胡淮著

崑源藏稿 府志邢德健 字汝行撰

碧虛文集張志周晟著

白山吟稿張志張邦信著

學畊軒稿張志周維韓著

奚適吟張志吳中穎著

拙拙集府志王應昌字家文著

居彝雜錄乾隆李志王應昌著

海門先生集十二卷浙江采集遺書錄周汝登撰

養初稿府志喻安性字中卿著

訒堂齋詩張志周孕口著

衡門文集乾隆李志王三台著

正學堂詩徵 張志王三台著

山居吟 浙江通志鄭化麟著

南北游詩集 浙江通志鄭化麟著

王心純詩文一卷 浙江通志

游粱草 乾隆李志周光復撰

棠溪集 張志吳應芳著

凱盧吟 張志金之聲著

自修篇 張志喻安性著

苙關集 浙江通志王禹佐字之益著

天淺穀吟 浙江通志袁祖憲字章之著

勿齋集 乾隆李志 王國楨撰

剡中詩文集 乾隆李志 王國楨撰

蟋蟀吟 乾隆李志 丁彥伯撰

五達書 乾隆李志 趙汝諍撰

廣平子日集十二卷廬吟汗漫遊 張志 徐一鳴著

國朝

漁溪集 乾隆李志 李茂先著

李文驥文集 乾隆李志李茂先著俞公穀序

頤山詩稿 府志商洵美撰

大垣眞稿四卷 新纂高克藩著

剡溪詩鈔 兩浙輶軒錄 商元柏撰

渭川存稿　府志商璜撰

桂巖詩集　道光李志應朝昌著

小山叢桂集　兩浙輶軒錄商盤撰

質園集　皇朝文獻通考商盤撰

越風三十卷　府志商盤撰

畫圖山房詩鈔　兩浙輶軒錄商書字響意著

青圖詩鈔　兩浙輶軒錄商元東字泰望著

東麓詩文集　道光李志葉方莢著

綠野集　道光李志裴式玉著

涵眞集　道光李志吳桂光著

𢌿語集　道光李志　吳桂先著

紅杏山房詩鈔　道光李志　葉封唐著

管言　道光李志　張月鹿著

秋村詩鈔　兩浙輶軒錄　袁夢化著

𢌿餘集　道光李志　史載筆著

雜著類鈔　道光李志　吳啟虬著

蝶園詩鈔　道光李志　吳金聲著

未能軒文集　道光李志　張基臺著

西塘詩稿　道光李志　邢司直著

歷試小草　新纂周大用著

聽秋山房稿十二卷 新纂喻道鈞著

此君軒吟草一卷 新纂喻道鈞著

滋蘭詩鈔 卷 新纂王景程著

居官偶鈔一卷 新纂王景章著

冰漁集 新纂周孝基輯

南榮詩草四卷 新纂施燮著

剡詩所見集十六卷 新纂錢鎔輯

澹如山房詩稿十卷 新纂馬紹光著

越中名勝詩四卷 新纂施彰著

蔬筍齋集十八卷 新纂施彰著

蓼中吟一卷新纂鄭心水著

夢香草四卷新纂魏蘭汀著

夢香存稿二卷新纂魏蘭汀著

補遺

史類

王氏家譜二十卷剡錄

龍城錄浙江采集遺書王舒字性之作

集類

守菴集浙江通志袁祖憲字章之著

卷二十一集

嵊縣志卷二十一終

嵊縣志卷二十二

文翰志　賦　疏　論　序　碑　墓志　記　雜著　詩

剡邑權輿讖傳兩火火文明象也意遊處其間者覽溪山之勝概用以發皇其耳目濬瀹其心思磅礴抒寫不能自已而文明之象應焉在昔典午時江左風流類僑褢屐楮墨所染馨逸自成既為剡中闢風氣矣自是而降代有嗣音麟麟然騰耀藝林又豈第嘲弄邱樊流連光景而已耶蓋賢士大夫之著作足翼聖言而備掌故者多矣叢殘猶在幸堪摭拾爰倣昭明文選例比體而鱗次之其有

關記事而言不甚文者仍件繫各門不贅避踳駁也覽是編者庶知剡中文獻之菁華萃是也乎志

文翰第十二

賦

山居賦并序　宋　謝靈運

謝靈運父祖並葬始甯縣并有故宅及墅遂移籍會稽修營别業傍山帶江盡幽居之美與隱士王宏之孔醇之等縱放爲娱有終焉之志每有一詩至都邑貴賤莫不競寫宿昔之間士庶皆徧遠近欽慕名動京師作山居賦并白注以言其事曰

古巢居穴處曰巖棲棟宇居山曰山居在林野曰邱園在郊郭曰城傍四者不同可以理推言心也黃屋實不殊於汾陽卽事也山居良有異乎市廛抱疾就閑順從性情敢率所樂而以作賦揚子雲云詩人之賦麗以則文體宜兼以成其美今所賦旣非京都宮觀遊獵聲色之盛而敘山野草木水石穀稼之事才乏昔人心放俗外詠於文則可勉而就之求麗邈以遠矣覽者廢張左之艷辭尋臺皓之深意去飾取素儻値其心耳意實言表而書不盡遺迹索意託之有賞其辭曰謝子臥疾山頂覽古人遺書與其意合悠然而笑曰夫道可重故物

爲輕理宜存故事斯忘古今不能革質文咸其常合宮非縉雲之館衞室豈放勛之堂邁深心於鼎湖送高情於汾陽嗟文成之卻粒願追松以遠遊嘉陶朱之鼓棹迺語種以免憂判身名之有辨權榮素其無留孰如幸犬之路既寡聽鶴之塗何由哉（理以相得爲適古人遺書與其意合所以爲笑孫權亦謂周瑜公瑾與孤意合夫能重道則輕物存理則忘事古今質文可謂不同而此處不異縉雲放勛不以天居爲所樂故合宮衞室皆非淹留鼎湖汾陽乃是所居鈌文成張良卻粒棄人間事從赤松子遊陶朱范蠡臨去之際亦語文種云云謂二賢既權榮素故身名有判也幸犬李斯之歎聽鶴陸機領成都衆大敗後云思聞華亭鶴唳不可復得）若夫巢穴以風露貽患則大壯以棟宇袪弊宮室以瑤璇致美則白賁以卯園殊世惟上託於巖

壑幸兼善而罔滯雖非市朝而寒暑均觥雖是築構而飭朴兩逝易云上古穴居野處後世聖人易之以宮室上棟下宇以蔽風雨蓋取諸大壯璇堂自足素故曰白賁最是上爻也此堂世異矣謂巖壑道深於邱園而不爲巢穴斯免歟二得寒暑之適雖是築構無妨非朝市云云昔仲長願言流水高山應璩作書邙阜洛川勢有偏側地闕周員銅陵之奧卓氏充鉅攬之端金谷之麗石子致音徽之觀徒形域之薈蔚惜事異於棲盤至若鳳叢二臺雲夢青邱漳渠淇園橘林長洲雖千乘之珍苑孰嘉遯之所遊且山川之未備亦何議於兼求仲長子云欲使居有良田廣宅在高山流水之畔溝池自環竹樹周市場圃在前果園在後應璩與程文信書云故有舊田在臨之西南臨洛水北據邙山託崇岫以爲宅因茂林以爲蔭謂二家山居不得周員之美揚雄蜀都

云銅陵而卓王孫採山鑄銅故漢書貨殖傳云卓氏之臨邛公擅山川揚雄方言梁益之閒裁木爲器曰鋠裂帛爲衣曰攬金谷石季倫之別廬在河南界有山川林木池沼水碓其鎮下邳時過遊賦詩一代盛集謂二地雖珍麗然制作非棲盤之意也鳳臺秦穆公時秦文所居以致簫史叢臺趙之崇館張衡謂趙築叢臺於前楚建章華於後楚之雲夢大中缺居長飲賦楚靈王遊雲夢之中息於荆臺之上前方淮之水左洞庭之波右顧彭蠡之濤南望巫山之阿遂造章華之臺亦見諸史淮南青邱齊之海外皆獵所司馬相如云秋田乎青邱徬徨乎海外漳渠史起爲魏文侯所造灘水之所淇園衞之竹園在淇水之澳詩人所載橘林蜀之園林揚子雲蜀都賦亦云橘林左太冲謂戶有橘柚之園長洲吳之苑囿左亦謂長洲之茂苑因江海洲渚以爲苑囿缺九故缺表此園之珍靜千乘讌嬉之所非缺二憩覽明達止之缺且山川亦不能兼茂隨地勢所遇耳

之撫運乘機緘而理默指歲暮而歸休詠宏徽於刊勒

狹三閭之喪江矜望諸之去國遻自然之神麗盡高棲

之意得余祖車騎建大功淮淝江左得免横流之禍後及太傅既薨建圖已輟於是便求解駕東歸以避君側之亂廢興隱顯當是賢達之心故選神麗之所以申高棲之意經始山川實基於此仰前哲之遺訓俯性情之所便奉微軀以宴息保自事以乘閒媿班生之夙悟慙尚子之晚研年與疾而偕來志乘拙而俱旋謝平生於知遊棲清曠於山川謂經始此山遺訓於後也性情各有所便山居是其宜也易云向晦入宴息莊周云自事其心此二是其所處班固本不染世故曰夙悟尚平未能去累故曰晚研想遲二人更以年衰疾至志寡求拙曰事并可山居曰與知遊別故曰謝平生就山川故曰棲清曠其居也左湖右江柱渚還汀面山背阜東阻西傾抱含吸吐款跨紆縈緜聯邪亘側直齊平枚乘曰左江右湖其樂無有此楚客說楚公子之詞當謂江都之野彼雖有江湖而乏山巖此憶江湖左右與之同而山岳形勢他域所

無也杜渚還汀謂四面有水面山背阜亦謂東西有山便是四水之裏也抱含吐吸謂中央復有川款跨紆縈謂邊背相連帶迂回處謂之邪互不正處謂之側直近東則上田下湖西谿南谷石埭石滂閔硎黃竹決飛泉於百仞森高薄於千麓寫長源於遠江派深毖於近瀆上田在下湖之水口名爲田口下湖在田之下二處並有名山川西谿南谷分流谷鄣水獻入田口西谿水出嵊縣西谷鄣是近山之最高峯者西谿便是鈌之背入西谿之裏得石埭以石爲阻故謂之埭石滂在西谿之東從縣南入九里兩面峻峭數十丈水自上飛下比至外谿封墱十數里皆飛流迅激左右巖壁緣竹閔硎在石滂之東谿透迤下注良田黃竹與之連南界莆中也近南則會以雙流縈以三洲表裏回遊離合山川崿崩飛於東峭槃傍薄於西阡拂青林而激波揮白沙而生漣雙流謂剡江及小江此二水同會於山南流注下三洲在二水之口排沙積岸成此洲漲表裏合是

其貌狀也嶀者謂回江岑在其山居之南界有石跳出將崩江中行者莫不駭慄磐者是縣故治之所在江之缺二用磐石竟渚並帶青林而連白沙也近西則楊賓接峯唐皇連蹤室壁帶谿會孤臨江竹緣浦以被綠石照潤而暎紅月隱山而成陰木鳴柯以起風楊中元賓並小江之近處與山相接也唐皇便從北出室石室在小江口南岸壁小江北岸並在楊中之下壁高四十丈色赤故曰照潤而暎紅晉山之西孤山水南王子所經始並臨江皆被以綠竹山高月隱便謂爲陰木集柯鳴便謂爲風也近北則二巫結湖兩智通沼橫石判盡休周分表引修隄之逶迤吐泉流之浩漾山磯下而回澤瀨石上而開道大小巫湖中隔一山外智周回在西圻北邊浦出江並是美處義熙中王穆之居大巫湖經始處所猶在兩智皆長溪外智出山之後四五里許裏智亦隔一山出新塚橫山野舍之北面常石野舍之西北巫湖舊唐故曰修隄長谿甚遠故曰泉流常石

嶬欽四故曰下嶬而同澤裏習漫石數里水從上過故曰瀨石上而開道休山東北周里山在休之南並是北邊

遠東則天台桐柏方石太平二韭四明五奧三菁表神異於緯牒驗感應於慶靈淩石橋之莓苔越楢谿之紆縈

天台桐柏七縣餘地南帶海二韭四明五奧皆相連接奇地所無高於五嶽便是海中三山之流韭以萊爲名四明方石四四面自然開窗也五奧者曇濟道人蔡氏郗氏謝氏陳氏各有一奧皆相犄角並是奇地三菁太平之北太平天台之始方石直上萬丈下有長谿亦是縉雲之流云此諸山並見圖緯神仙所居往來要徑石橋過楢谿人跡之艱不復過此也

遠南則松箴棲雞唐嵫漫石崪嵊對嶺𡶴孟分隔入極浦而邅回迷不知其所適上嶔崎而蒙籠下深沈而澆激

棲雞在保口之上別浦入其中周回甚深四山之裏松箴在棲雞之上緣江唐嵫入太平水路上有瀑布數百丈漫石在唐嵫下郗景興經始精舍亦是名山之流崪嵊與分

界上山八十里故曰遠南前嶺鳥道正當五十里高左
右所無就下地形高乃當不稱遠望能山甚奇謂白大
尖者最高下有良田王敬宏經始精舍曇濟道人住孟
山名曰孟埭芋薯之疁田清溪秀竹迴開巨石有趣之
極此中多諸浦澗傍依茂林迷不知
所通嶔崎深沈處處皆然不但一處
遠西則缺四字四十遠
北則長江永歸巨海延納崑漲緬曠島嶼綢沓山縱橫
以布護水迴沈而縈浥信荒極之綿眇究風波之睽合
江從山北流窮上虞界謂之三江口便是大海老子謂
海爲百谷王以其善處下也海人謂孤山爲崑漲薄洲
有山謂之島嶼卽洲也漲者沙始起將欲成嶼縱橫無
常於一處迴沈似縈繞也大荒東極故爲荒極風波不
恆爲睽合也徒觀其南術之缺四字生巇字缺二成衍字缺一岸測
深相渚知淺洪濤滿則曾石沒清瀾減則沈沙顯及風
與濤作水勢奔壯於歲春秋在月朔望湯湯驚波滔滔

駭浪電激雷崩飛流灑漾淩絕壁而起岑橫中流而連溥始迅轉而騰天終倒底而見壑此楚貳心醉於吳客河靈懷慚於海若南術是其臨江舊宅門前對江三轉曾山路窮四江對岸西面常石此二山之間西南角岸孤山此二山皆是狹處故曰生巇勇門以南上便大闊亦曰成衍岸高測深渚下知淺也江中有孤石沈沙隨水增減春秋朔望是其盛時故枚乘云楚太子有疾吳客問之舉秋濤之美得以瘳病太子國之儲貳故曰楚貳河靈河伯居河所謂河靈懼於海若事見莊周秋水篇爾其舊居曩宅缺二字今園扮槿尚援基井具存曲術周乎前後直陌矗其東西豈伊臨谿而傍沼迺抱阜而帶山考封域之靈異寶茲境之最然葺駢梁於巖麓棲孤棟於江源敞南戶以對遠嶺闢東窗以矚近田田連岡而盈疇嶺枕水

而通阡葺室在宅裏山之東麓東窗謂矚田兼見江山之美三間故謂之駢梁門前一棟俛巘上在江之嶺南對江山遠嶺此二館屬望殆無優劣也阡陌縱橫塍埒交經導渠引流脈散溝幷蔚蔚豐秫苾苾香秔送夏蚤秀迎秋晚成兼有陵陸麻麥粟菽候時覘節遞藝遞孰供粒食與缺一字飲謝工商與衡牧生何待於多資理取足於滿腹許由云偃鼠飲河不過滿腹謂人生食足則歡有餘何待多須邪工商衡牧似多須者若少私寡欲充命則足但非田無以立耳自園之田自田之湖泛濫川上緬邈水區濬潭澗而窈窕除菰洲之紆餘毖溫泉於春流馳寒波而秋徂風生浪於蘭渚日倒景於椒塗飛漸榭於中沚取水月之歡娛旦延陰而物清夕棲芬而氣敷顧情交之永絕

覩雲容之暫如此皆湖中之美但患言不盡意萬不寫一耳諸澗出源入湖故曰濬潭澗深長是以窈窕除菰作洲洲言所以紆餘也水草則萍藻蘊菼萑蒲芹蓀蒹菰蘋蘩蕝荇菱蓮雖備物之偕美獨扶渠之華鮮播綠葉之鬱茂含紅敷之繽翻怨清香之難留矜盛容之易闌必充給而後搴豈蕙草之空殘卷敛舡之逸曲感江南之哀歎秦箏倡而溯游往唐上奏而舊愛還搴出離騷敛舡是采菱歌江南是相和曲云江南采蓮秦箏倡蒹茄篇唐上奏蒲生詩皆感物致賦魚藻蘋蘩荇亦有詩人之詠不復具敘本草所載山澤不一靁桐是別和緩是悉參核六根五華九實二冬竝稱而殊性三建異形而同出水香送秋而擢蒨林蘭近雪而揚猗卷柏萬代而不殞茯苓

千歲而方知暎紅葩於綠蔕茂素蘂於紫枝既往年而增靈亦驅妖而斥疵本草所出藥處於今不復依隨上所生耳此境出藥甚多靁公桐君古之采藥醫緩古之良工故曰別悉參核者雙核桃杏仁也六根者苟七根五茄根葛根野葛根鉄二根也五華者菫華芫華檖華菊華旋覆華也九實者連前實槐實柏實兔絲實女貞實蛇木實蔓荆實蔘實鉄二也二冬者天門麥門冬三建者附子天雄烏頭水香蘭草林蘭文子卷柏茯苓茲皆仙物凡此衆藥事悉見於神農其竹則二箭殊葉四苦齊味水石別谷巨細各彙既修竦而便娟亦蕭森而蓊蔚露夕沾而悽陰風朝振而清氣互揩雲以拂杪臨碧潭而挺翠茂上林與淇澳驗東南之所遺企山陽之游踐遲鸞鷺之棲託憶崑園之悲調慨伶倫之哀籥衛女行而思歸詠楚客放而防露作

二箭一者苦箭大葉一者筭箭細葉四苦清苦白苦紫苦黄苦水竹依水生甚細密尖中以爲宅援石竹本科叢大以充屋椽巨者竿梃之屬細者無篝之流也修竦便娟蕭森蓊蔚皆竹貌也上林關中之禁苑淇澳衛地之竹園方此皆不如東南會稽之竹箭唯此地最富焉山陽竹林之游鸑鷟棲食之所缺山之竹任爲笛黄帝時伶倫斬其厚均者吹之爲黄鐘之管衛女思歸作竹竿之詩楚人放逐東方朔感江潭而作七諫其木則松柏檀櫟缺二字桐榆檿柘穀棟楸梓檉樗剛柔性異貞脆質殊卑高沃塉各隨所如幹合抱以隱岑杪千仞而排虛淩岡上而喬竦蔭澗下而扶疏沿長谷以傾柯攢積石以插株株一作衢華映水而增光氣結風而回敷當嚴勁而葱蒨承和煦而芬腴送墜葉於秋晏遅含萼於春初皆木之類選其美者載之山脊曰岡岡上澗下長谷積石各隨其方離騷云青春受謝白日昭只詩

云鄂不韡韡也植物既載動類亦繁飛泳騁透胡可根源觀貌
相音備列山川寒燠順節隨宜匪敦草木竹植物魚鳥獸動物獸有數種
有騰者有走者走者騁騰者透謂種類既繁不可根源但觀其貌狀相其音聲則知山川之好與節隨宜自然
之數非可敦戒也魚則鰻鱧鮒鱮鱒鯇鰱鯿魴鮪鯊鱖鱨鯉鯔
鱣輯采雜色錦爛雲鮮唼藻戲浪汎荇流淵或鼓鰓而
湍躍或掉尾而潑旋鱸鮆乘時以入浦鱤鯅沿瀨以出
泉鰻音優鱧音禮鮒音附鱮音敘鱒音寸袞反鯇音睆鰱音連鯿音毖仙反魴音房鮪音洧鯊音沙鱖音居
綴反鱨音上羊反鯔音比之反鱣音竹亾反皆說文字林音詩云錦衾有爛故云錦爛鱸鮆一時魚鱤音感鯅
音迅皆出谿中日上恆以爲翫鳥則鵾鴻鶂鵠鶖鷺鴨樢鷄鵲繡質鶴
鸛綬章晨鳧朝集時鷊山梁海鳥違風朔禽避涼羕生

歸北霜降客南接響雲漢侶宿江潭聆淸哇以下聽載王子而上參薄回涉以弁翰映明鑒而自耽鵾音昆鶂音溢左傳云六鶂退飛其字如此鵠音下竺反鶖音秋鷺音路鴇音保鸘音相唐公之馬與此鳥色同故謂鸘鷄鶡鵲鳥見張茂先博物志鸐音翟亦雉之美者此四鳥並美采質鳧音符野鴨也常待晨而飛鷮音已消反長尾雉也論語云山梁雌雉時哉時哉海鳥爰居臧文仲不知其鳥以爲神也事見左傳朔禽鴈也寒月轉往衡陽禮記霜始降鴈來賓歲莫北向政是陽初生時黃生歸北霜降客南山鈇映水自翫其羽儀者山上則猨⿰犭軍貍貛豻獌猰猛山下則熊羆豺虎豲鹿麢麖擲飛枝於窮崖踔空絕於深硎蹲谷底而長嘯攀木杪而哀鳴猨音袁⿰犭軍音魂貍音力之反貛音火丸反豻音午見反獌音曼似貛而長狠之屬一曰貙猰音安黠反猛音弋生反貍之黃黑者一曰似⿰豸分豺音在皆反豲音元野羊大角麢音鬼珉反麖音京能踔擲虎長嘯猨哀鳴鳴聲

訶緡綸不投罝羅不披磻弋靡用蹏筌詎施鑑虎狠之有仁傷遂欲之無崖顧弱齡而涉道悟好生之咸宜𢾺所由以及物諒不遠之在斯撫鷗鰍而悅豫杜機心於林池入種皆是魚獵之具自少不殺至乎白首故在山中而此歡永廢莊周云虎狠仁獸豈不父子相親世云虎狠暴虐者政以其如禽獸而人物不自悟其壽告而言虎狠可疾之甚苟其遂欲豈復崖限自弱齡奉法故得免殺生之事苟此悟萬物好生之理易云不遠復無祇悔庶乘此得以入道莊周云海人有機心鷗鳥舞而不下今無害彼之心各說豫於林池也敬承聖誥恭窺前經山埜昭曠聚落羶腥故大慈之宏誓拯羣物之淪傾豈寓地而空言必有貸以善成欽鹿野之華苑羨靈鷲之名山企堅固之貞林希菴羅之芳園雖粹容之緬邈謂哀音之恆

存建招提於幽峯冀振錫之息肩庶鐙王之贈席想香積之惠餐事在（夏志作隔）而思通理匪絕而可溫（賈誼弔屈云恭承嘉惠敬承亦此之流聚落是墟邑謂歌哭詩訟有諸詎講不及山野爲僧居止也經教欲令在山中皆有成文老子云善貸且善成此道惠物也鹿苑說四眞諦處靈鷲山說般若法華處堅固林說泥洹處菴羅園說不思議處今旁林藝圃制苑彷彿在昔依然託想雖粹容緬邈哀音若存也招提謂僧不能常住者可持作坐處也所謂息肩鐙王香積事出維摩經論語云溫故知新理既不絕更宜後溫則可恃爲己之日用也）爰初經畧杖策孤征入淵水涉登嶺山行陵頂不息窮泉不停櫛風沐雨犯露乘星研其淺思罄其短規非龜非筮擇良選奇翦榛開逕尋石覓崖四山周回雙流逶迤面南嶺建經臺倚北阜築講堂傍危峯立禪室臨浚流列僧

房對百年之喬木納萬代之芬芳抱終古之泉源美膏
液之清長謝靈塔於郊郭殊世間於城傍欣見素以抱
樸果甘露於道場云初經畧躬自履行備諸苦辛也帑其淺智無假於軀並貧者既不以靈
爲美所以即安茅荚而已是以謝郊郭而苦節之僧明
殊城傍然清虛寂寞實是得道之所也
發懷抱事絕人徒心通世表是遊是憩倚石構草寒暑
有移至業莫矯覲三世以其夢撫六度以取道乘恬知
以寂泊含和理之窈窕指東山以冥期實西方之潛兆
雖一日以千載猶恨相遇之不早謂曇降法流二法師也二公辭恩愛棄妻
子輕舉入山外緣都絕魚肉不入口糞掃必在體物見
之絕歎而法師處之夷然詩人明發不勝造道者其亦
如此往石門瀑布中路高棲之游昔告離之始期生東
山沒存西方相遇之欣實以一日爲千載猶慨恨不早

賤物重己棄世希靈駭彼促年愛是長生冀浮邱之誘接望安期之招迎甘松桂之苦味夷皮褐以頹形羡蟬蛻之匪日撫雲蜆其若驚陵名山而屢憩過巖室而披情雖未階於至道且緬絕於世纓指松菌而興言良未齊於殤彭此一章敘仙學者雖未及佛道之高然出於世表矣浮邱公是王子喬師安期先生是馬明生師二事出列仙傳洞眞經云今學仙者亦明師以自發悟故不辭苦味頹形也莊周云和以天倪倪者崖也數經歷名山遇余巖室披露其情性且獲長生方之松菌殤彭邈然有間也

山作水役不以一牧資待各徒隨節競逐陟嶺刊木除榛伐竹抽筍自篁擿箬於谷惕勝所拮秋冬薗獲野有蔓草獵涉蘡薁亦醞山清介爾景福苦以木成甘以播熟慕椹高林剝

芟巖椒掘檮陽崖摭擷陰標晝見搴茅宵見索綯芟菰
翦蒲以薦以茭既坭既埏品收不一　其灰其炭咸各有
律六月採蜜八月撲栗備物爲繁累載靡悉　此一章謂北山作及
水役採拾諸事也然漁獵之事皆不載楊楊俳也山間
謂之木子廬音覆字出字林詩人云六月食鬱及薁獵
涉字出爾雅木木酒味若擠擠酒味甘並至美兼以療
痾擣治瘢核木治痰冷榿音甚味似茶茶而勝川木而
作之謂之蔂芟音及採以爲紙蒨音倩採以爲
渫擷音幽採以爲飲採蜜撲栗各隨其月也　若迺南
北兩居水通陸阻觀風瞻雲方知厥所　兩居謂南北兩處各有居止峯
崿阻絕水道通耳觀風瞻雲然後方知其處所　南山則夾渠二田周嶺三苑九
泉別澗五谷異巘聚峯參差出其間連岫復陸成其坂
眾流溉灌以環近諸堤擁抑以接遠遠堤兼陌近流開

湍淩阜泛波水往步還還回往匝枉渚員巒呈美表趣胡可勝單抗北頂以葺館瞰南峯以啟軒羅曾崖於戶裏鏡清瀾於窗前因丹霞以赬楣附碧雲以翠椽視奔星之俯馳顧缺二字之未牽鵾鴻飜翥而莫及何但燕雀之翩翾沈泉傍出潺湲於東檐桀壁對時硿礲於西霤修竹葳蕤以翳薈灌木森沈以蒙茂蘿蔓延以攀援花芬薰而媚秀日月投光於柯間風露披清於嵕岫夏涼寒燠隨時取適階基回互橑欞乖隔此焉卜寢翫水弄石邇卽回眺終歲罔斁傷美物之遂化怨浮齡之如借眇遯逸於人羣長寄心於雲霓南山是開創卜居之處也從江樓步路跨越山

嶺綿亙田野或升或降當三里許塗路所經見也則喬
木茂竹緣畛彌阜橫波陳石側道飛流以爲寓目之美
觀及至所居之處自西山開道迄於東山二里有餘南
悉連嶺疊嶂青翠相接雲烟霄路殆無倪際從逕入谷
凡有三口萬壁西南石門世鈌南鈌池東南皆別載其
事緣路初入行於竹逕半路闊以竹渠澗既入東南傍
山渠展轉幽奇異處同美路北東西路因山爲鄣正北
狹處踐湖爲池南山相對皆有崖巖東北枕壑下則清
川如鏡顧眄柯盤石被陝映渚西巖帶林去潭可二十丈
許葺基構宇在鈌林之中水衛石階開窗對山仰眺曾
峯俯鏡濬壑鈌巖半嶺復有一樓廻望周眺既得遠趣
還顧西館望對窗戶緣崖下者密竹蒙逕從北直南悉
是竹園東西百丈南北百五十五丈北倚近峯南眺遠
嶺四山周圍溪澗交過水石林竹之美巖岫隈曲之好
備盡之矣刊翦開築此焉居處細趣密翫非可具記
故較言大勢耳越山列其表側傍緬鈌二爲異觀也因

以小湖鄰於其隈衆流所湊萬泉所回沈濫異形首毖

終肥別有山水路邈緬歸沈濫肥毖皆是泉名事見於詩云此萬泉所湊各有形勢

求歸其路迺界北山棧道傾虧蹬閣連卷復有水逕繚繞回圓瀰瀰平湖泓泓澄淵孤岸竦秀長洲芊綿既瞻既眺曠矣悠然及其二川合流異源同口赴隘入險俱會山首瀨排沙以積邱峯倚渚以起阜石傾瀾而捎巖木映波而結藪逕南漘以橫前轉北崖而掩後隱叢灌故悉晨暮託星宿以知左右往及經過白非巖澗便是水逕洲島相對皆有趣也山川澗石洲岸草木既標異於前章亦列同於後牘山匪砠而是岵川有清而無濁石傷林而插巖泉協澗而下谷淵轉渚而散芳岸靡沙而映竹草迎冬而結葩樹凌霜而振綠向陽則在寒而納煦面陰則當暑而含雪

連岡則積嶺以隱嶙舉峯則羣竦以巘嶭浮泉飛流以爲窒沈波潛溢於洞穴凡此皆異所而咸善殊節而俱悅士山戴石曰砠山有林曰岵此章謂山川泉美亦不必有故總聚其最居山之後事亦皆有尋求也春秋有待朝夕須資既耕以飯亦桑貿衣藝菜當肴採藥救頹身外何事順性靡違法音晨聽放生夕歸研書賞理敷文奏懷凡厥意謂揚較以揮且列於言誠特此推謂寒待綿纊暑待絺綌朝夕餐飲設此諸業以待之藥以療疾又在其外事之相推自不得不然至於聽講放生研書敷文皆其所好韓非有揚較班固亦云揚較古今其義一也左思曰爲左右揚較而陳之北山二園南山三苑百果備列乍近乍遠羅行布株迎早候晚猗蔚溪澗森疎崖巘杏壇㮈園橘林栗圃桃李多品

梨棗殊所枇杷林檎帶谷映渚樝梅流芬於回巒椑柹被實於長浦莊周云漁父見孔子杏壇之上維摩詰經捺樹園揚雄蜀都賦云橘林左太沖亦云戶有橘柚之園桃李所植甚多棗梨事出北河濟之間淮潁諸處故云殊所也畦町所藝含蕊藉芳蓼蕺蘘薺葑菲蘇蔃絲葵眷節以懷露白薤感時而負霜寒蔥標蒨以陵陰春藿吐苕以近陽葑菲見詩柏舟巾管子曰北伐山戎得寒蔥庾闡云寒蔥挺園灌溉自供不待外求者也弱質難恆頹齡易喪撫鬢生悲視顏自傷承清府之有術冀在衰之可壯尋名山之奇藥越靈波而憩轅採石上之地黃摘竹下之天門摭曾嶺之細辛拔幽澗之溪蓀訪鍾乳於洞穴訊丹陽於紅泉此皆住年之藥即近山之所出有採拾欲以消痾也安居二時冬夏

三月遠僧有來近衆無闕法鼓朗響頌偈清發散華霏甤流香飛越析曠劫之微言說像法之遺旨乘此心之一豪濟彼生之萬理啟善趣於南倡歸清暢於北機非獨愜於予情諒僉感於君子山中兮清寂羣紛兮自絕周聽兮匪多得理兮俱悅寒風兮搔屑面陽兮常熱炎光兮隆熾對陰兮霜雪愒曾臺兮陟雲根坐澗下兮越風穴在茲城而諧賞傳古今之不滅衆僧冬夏二時坐謂之安居輒九十日衆遠近聚萃法鼓頌偈華香四種是齋講之事析說是齋講之議乘此之心可濟彼之生南倡者都講北機者法師山中靜寂實是講說之處兼有林木可隨寒暑恒得清和以爲適也好生之篤以我而觀懼命之盡吝景之催兮一往之仁心拔萬代之險

難招驚魂於殆化收危形於將闌漾水性於江流吸雲物於天端覩騰翰之頡頏視鼓鰓之往還馳騁者儻能狂愈猜害者或可理攀云物皆好生但以我而觀便可知彼之情各景懼命是好生事也能放生者但有一往之仁心便可拔萬族之險難水性雲物各尋其生老子云馳騁田獵令人心發狂猜害者恆以忍害爲心見放生之理或可得悟也哲人不存懷抱誰質糟粕猶在啟縢剖袠見柱下之經二覩濠上之篇七承末散之全樸救已積於道術嗟夫六藝以宣聖教九流以判賢徒國史以載前紀家傳以申世模篇章以陳美刺論難以覈有無兵技醫日龜筴筮夢之法風角冢宅算數律歷之書或平生之所流覽竝於今而棄諸驗前識之喪道

抱一德而不渝莊周云輪扁語齊桓公公之所讀書聖人之糟粕㬋者金縢之流也杜下老子潒上莊子二七是篇數也云此二書最有理過此以往皆是聖人之致獨往者所棄伊昔鄙亂實愛斯文援紙握管會性通神詩以言志賦以敷陳箴銘誄頌咸各有倫爰暨山棲彌歷年紀幸多暇日自求諸己研精靜慮貞觀厥美懷欣成章含咲奏理謂少好文章及山棲則別緣既闕尋慮文詠以盡暇日之適便可得通神會性以永終朝若迺秉攝持之告評養達之篇畏絕迹之不遠懼行地之多躇均上皇之自昔忌下哀之在旃投吾心於高人落賓名於聖賢廣滅景於崆峒許遁音於箕山懸假駒以表谷涓隱巖以搴芳缺十八字萊庇蒙以織畚皓棲商而頤志卿寢茂而敷詞

鄭別谷而永逝梁去霸而之會高居唐而青宇臺依崖而穴處咸自得以窮年眇貞思於所遺老子云善攝生者莊子云謂之不善持生又云養生有無崖達生者不務生之所無奈何絕迹上皇下褒賓名義亦皆出莊周廣成子在崆峒之上黃帝之師也許由隱於箕山堯以天下讓而不取愚公居於駒阜齊桓公逐鹿入山見之涓子隱於宕山好餌朮告伯陽琴心三篇庚桑楚得老子之道居畏壘之山楚狂接輿楚王聞其賢使使者聘焉於是遂游諸名山在蜀峨眉山上徐無鬼巖棲魏侯勞之曰先生苦山林矣乃肯見寡人無鬼問君縱嗜欲屏好惡則耳目察矣常采芋栗老萊子耕於蒙山之陽著書十五篇言道家之事織畚爲業四皓避秦亂入商洛深山漢祖召不能出司馬長卿高才而處世不樂預公卿大事病免家居茂陵鄭子眞耕隱谷口大將軍王鳳禮聘不屈遂與弟子別於山阿終身不反梁伯鸞隱霸陵山中耕織以自娛後復入會稽山臺孝威居武安山下依崖爲土室採藥自給高文通居西唐山從容自娛也曁其窈窕幽深寂寞虛遠事與

情乖理與形反既耳目之靡端豈足跡之所踐蘊終古於三季俟通明於五眼權近慮以停筆抑淺知而絕簡

謂此既非人跡所求更待三明五通然後可踐履耳故停筆絕簡不復多云冀夫賞音悟夫此旨也

梅花賦　宋　王銍

韻勝羣卉花稱早梅稟天質之至美凌歲寒而獨開標致甚高斂孤芳而靜吐陽和未動攙春色以先回原夫尤物之生英姿特異方隆冬之屆候厲祁寒之鼎至瞻遠岫兮無色盼叢條兮失翠彼美仙姿貞存幽致春風萬里報南國之佳人香豔一枝富東君之妙意觀夫離類絕俗含新吐奇妙有江山之興蕭然風露之姿氣韻

雅甚精神遠而雪滿南枝想梁園之末賦春生寒谷鄙鄒律之潛吹其時掩苒半開娉婷一笑絢紅日以朝映耿青燈之夜照何郎秀句不足以詠其妍徐熙淡墨不足以傳其妙城隅璀璨遙瞻妍女之姝月下橫斜乍識佼人之燎至若霜島寒霽江郵曉晴竹外煙梟松間雪清惱遠客以魂斷悅幽人之眼明語其能則潔而無滓窮其用則大而難名儻遇兵塵可止三軍之渴如逢鼎味堪調一相之羹譬夫豪傑之士豈流俗所能移節義之夫雖阨窮而愈厲時當搖落之候氣極嚴凝之際茲梅也排風月而迥出傲霜雪而獨麗色靡竟於陽春志

可期於晚歲所以興動錢塘之老妙語爭新香貽髗首之人芳期遠契彼清露兮彼三逕之菊彼光風兮汎九畹之蘭歆紅蕖於夏永破丹杏於春寒麗質鮮妍則比我已遠高情瀟灑而方茲實難塞曲悲涼望作南樓之弄詩魂飛動尚流東閣之觀於是倚檻凝神巡檐搔首眷落英之著袂折粉香而在手吾方破悶析醒於此焉信花中之未有

大嶀山賦　　宋　王十朋

名境嶀山程途往還望高坡而峭峻登聳嶠以塡灣上與雲齊霧擁於煙蘿之內下臨水際舟横于巨派之間

原夫勢接江湖岐分台越崀嶷峯巒崔巍孰埒懸崖則時時瀑布深谷則年年積雪華岡蔚密南乘謝眺之巖峻徑陰森北倚趙公之阜上多名木內足坑谿猛獸或過酒蕩靈禽忽翥蘆棲雨畔澗流四面雲低武肅王駐舸吟哦歎斯境絕異謝靈運彈飛巖嶂慕此地堪棲夜夜雲生朝朝霧起岝峉嶔崟岧嶤崀嵓三春之桃李芳芬九夏之林巒蔚翠梁王別室歸建業以登天陳廓漂流立靈祠于此地杳杳冥冥勢連嵊亭龍吟虎嘯水白松青上館嶺兮龍宮梵宇箸嶼嶺兮夫人石形有良工而巧琢或走獸兮奔星豈勞嬴政役鬼神之力休說梁

元呈圖畫之靈昌一邑之黎元疲民蘇矣鎮三方之土地訟者咸甯至異哉玩此山體面最奇形容殊麗黃沙磣礫兮水岸碧嶂嵯峨兮雲際樹矗崚嶒枝纏薜荔石闌干險以崎嶇何皤水渺而搖曳周圍四顧相同華頂之前宛轉羣峯猶若苧蘿之勢西原伏豹東埠飛龍墩突兀兮白竹水潺湲兮烏峯綠雲映于野外翠羽鳴于山中洞倚巑岏之石巖欹偃蹇之松嶺峻則月華易度林高則霜霰難融郊郭祠前且見井坑之蹟皇書亭畔又看麋滯之蹤莫不雲雨蕭蕭枝柯浩浩或賢者玩而昇騰或智者賞而辭藻懿乎可以尋眞思之而即悟道

剡溪春色賦

宋　王十朋

地屬甌越，邑爲剡溪，氣聚山川之秀，景開圖畫之齊。雖禹穴之小邦，樓臺接境，實仙源之勝地，桃李成蹊。竊原清環戴水之流，翠列姚岑之岫。登樓而望也，南揖台溫之左；按圖而察也，北據越杭之右。藹極目之雲霄，簇連甍之錦繡。一十八里，春風城郭，觸處爭新；二十七鄉，暮雨溪山，望中發秀。臺榭入萬家風月，簾櫳捲百里江山。雕鞍驟兮落花亂，香陌晴兮芳草間。畫槳速溪，搖蕩綠波之上；流鶯剡塢，緡蠻紅樹之間。豈不以柳暗東門，梅肥西嶺，美地秀玉山之嶂，洞天麗金庭之景，酒旗搖翠幕之風池水浸紅樓之影滌塵僧舍瀑飛二鹿之泉泛雪茗甌香汲五龍之井非獨一時之秀實爲千古之奇琴蹟不存尚垂芳於安道墨池猶在更留譽於羲之自是雨中橫東渡之舟月下引南樓之笛青山東望曾經安石之遊綠水南流尚有阮仙之蹟雨過煙墟叢叢綠蕪渭水依稀之景輞川彷彿之圖或氣融於廣莫或嵐霽於虛無翠滴嵊峯多步花朝之屐碧分越水曾回雪夜之桴信乎此地誠有可觀者焉

梅花賦　宋　釋仲皎

翳彼梅萼參乎雪花香度風而旖旎影臨水以欹斜瑩

若裁冰帶玉谿之瀟灑清如薰麝辟仙苑之光華且夫晴雲乍斂於東郊麗日纔升於南囿酥蕚失豔鉛葩獨秀含宿霧以淒迷洗晨霜而孤瘦凍開蠟蔕自宜清峭之天吹破檀心誰怯黃昏之候莫不山屏冉冉水鏡盈盈蓓蕾似連璧枝柯在交瓊嗟額上之半裝未了何眉間之一剪先橫竹葉杯中野店謾貪於幽詠梨花夢裏曉雲難駐於高情其如寒漠天遥郵亭夜冷望窮隴首之春信踏碎階前之月影會淒斷於衰草平沙忍矜誇於天桃豔杏冰魂招處懷清些於楚人雲馭傳時聽長嘶於庾嶺朝陽借煖暮雨饒芳覩何郎之傳粉乖韓氏

之偷香乳鶯未識乎妍姿遷延深谷寒蝶稍聞其勝韻飛過低牆宜乎翠綃卷而薄煙收玉珠零而殘露晛試攀鶴膝之斜朶緩舉蜂腰之快剪孤山寺側玩回雪以無殊卻月觀前學凌波而不淺由是寂寞歌詠團圞繞行悟空花之絶艷嗟落地之繁英銀蟾低而軒窗寒悄畫角動而簾幙風清談笑收功誰使漢軍而止渴雍容推最實思商鼎以和羹媚哉寫照何多供吟非暫嫌趙昌之筆俗愛徐熙之墨暗襟懷獨慕其孤超風味更憐其幽淡西湖處士兮朽詩骨以難尋東坡先生兮渺才源而莫探又安得問寒芳於無何有之鄉廓參橫而河

澹

金庭山賦

明　王鈍

翳金庭之爲山鎮東剡之要衝壯洞天之形勝爲福地之靈宗勢岌嶪而若馳羌偃蹇而橫空根厚地以盤盤屹層霄其崇崇崔巍峻立兮偉矣卓斂放鶴之雄崒嵂孤撑兮壯哉香爐五老之峯雖嵩華之莫並迴培塿之難同冨石扇以中開渺金璧而無窮仙冈走萬里之騶神湫潛斛水之龍蠑螅勿起豺豕遠蹤風泉淸渙崖谷蒨葱鬱秋與兮滿庭澹斜月兮西風四照之花萬品九衢之草千計桐合柏而虬枝竹曳毛而鸞尾釀酒味之

玉泉飫粳香之石髓嗚子晉之鳳笙飛王喬之鳧屧仙之人兮列如麻虎鼓瑟兮鸞回車嗟三徑之松菊幻五色之烟霞層軒出雲霓而延袤飛閣臨無地而紛沓燦炳炳以照爛隆崛岉以交加雖鐘鳴之羽館實鼎食之王家予於是有所感矣昔芊棘之重合羌離黍以興悲今寶地之宏開噓文燄於寒灰是宜休文記館裴子文池鏗金玉之麗句樹雕篆之貞碑覽前修之遺蹤曾不滿夫一歎見桑變而海遷幾星移而物換今天家之奮興紛離立而輪奐啟金谷之瓊樓開玉京之瑤殿朝霞爲丹艧之明夕霞爲珠網之燦桂館蘭亭梅軒竹院麗

花影之重重灑松風之面面集元羽之翩躚盛游娛之壯觀遇希夷以乘風請分山于一半來士駕以盤旋游子目以睇盼聊吐繡以摛詞奉羣公之娛玩於是振衣而起擊節而歌歌曰五雲爛熳兮鬱霄之宮寶地清虛分瀛海之東紫簫雙吹兮兩兩玉童控羣仙而遐舉兮雲冉冉以從龍

瑞芝賦　明　王鈍

正統二年歲在丁巳暮春之初瑞芝產於家圃幽質靈華飛香吐秀金柯玉質光奪人目誠凡卉莫能鬭其妍而大鈞所以毓其靈也傳曰王者仁慈則芝草生稽諸

載籍漢孝武時見於甘泉宮孝宣時呈於函德殿晉陵郡君協宰新樞生於便坐之室所以表盛德徵至化休祥之至豈偶然哉景州學正韓先生俊適見之因作瑞芝園記命鈍賦之其辭曰二氣交運四時旁午斡造化之樞機感陽和之扇鼓渾元和以同春陶萬物而得所九莖孕化日而榮三秀蕩祥風而吐靈連蜷兮紫金秀芬芳兮翠羽媚粹潤兮珊瑚妙溫純兮璸瑀耀截肪兮不緇渥澤漆兮靡黼祥苗卓犖於羣芳仙質瑰奇於凡杜療飢之咏兮炳煥芸編和劑之良兮光輝草部孕淑氣於上天植靈根於下土嘗熠熠於商山匪萋萋於南

浦羌幽蘭兮同調蹇嘉禾兮爲伍煥然兮五色於甘泉之中邈矣瑞千齡於函德之下昔既禎於帝庭今胡靈於嵊圃奇葩層瑞綺之玲瓏寶幹錯文犀而媚嫵遊人步屧以環瞻貴客憑輿而式顧致騷墨之品題來名賢之詠賦堂時詡而著名園日涉以成趣羌一卉之毓靈蹇衆芳以同貢誠勝地之雅觀實千古之奇遇也是芝也生能掄壤而世覩其爲珍出必以時而僉贊其爲神友猗猗之菉竹絶翹翹之錯薪扇和風於亭午膏清露於芳辰豈驛梅之可寄非皋蘭之足紉紛內美於陽德鮮外飾乎天眞安安焉若有道之士溫溫乎數成德之

人吁嗟瑞芝之靈協祥麟形不成於非義迹惟顯於至仁感有關於元化遐不作於大鈞在郡庭兮著德見予室兮何因是蓋厥井之間土瘠民淳吾黨之內風美俗敦志樂遵乎王化行克篤於人倫致元和之所感肇上瑞以來臻是可以驗至德誕敷於普天之下故有以致靈物薦呈於率土之濱欽惟聖朝天命維新瑰祥信禎兮來集溱溱雅歌善頌兮繼作頻頻馮翼孝德兮朝野臣臣衣冠禮樂兮文質彬彬耕食鑿飲兮無懷之民安居樂業兮有虞之辰芝之靈以時而生芝之異至和而凝

瑞麥賦

徐渭

爰有吳公知嵊未期治政無雙高出等彝召至和氣郊婺離離兩岐昔秀今獨三岐以比張堪不猶過之一本而生二參以披譬如人目而雙瞳子譬如海洲而三島峙雙既兼精三復加侈苟非厚種焉得呈異厚豈無因中和所致致此者誰敢歸執事當迎風而靡散若濡露而品呈飄然紛比翼之鳥曜分映大火之星實兼垂而彌俯稽合捧其愈兢纍如貫珠挾組而佩錯焉割據鼎足其紡或三而二聚女髻男角之狀或二而三成男朋女綮之形分二三而兩在合三二而五成總千莖其可合亦萬穗其可分且其蹐蹐蹌蹌栗栗穰穰味以薦寢

穎能脱囊屏百穀以先登受四氣而愈揚匪后稷之專能受上帝之於皇周官雁其宜食天子籍以先嘗是以大水書無宜尼示戒關中早種仲舒告王縱使結實如故刈穫即常斯亦室家之胥慶何況於沓稼而連莖翠華綢繆綵陰翺翔標鬭犨牛之尾粒排鮎脊之章飯食口而兼味麵始塵而烈芳木栖連理胡適於用苞有三蘖徒結其穗誠未若此物開翁嫗之所創見而耳目之所未嘗昔子輿氏有言曰至於日至之時皆熟矣或有不同者則人事之不齊而雨露之長養豈覩夫今日之異種也出乎其類拔乎其萃若麒麟之於走獸而飛鳥

之於鳳凰則又安異乎學宮弟子驚告乎縣長而奔走於詞場者哉然渭又聞學士弟子之呈茲於公也刈以腰鎌盛以盂盤謂公德政之所致焉公直答曰是偶然爾寥兮廓兮眞長者言長者之言夫豈無故胡有茲祥而不以疏慨茲歲之元辰撩陽魄其如暮（是年正旦日食）謂雲密而不彰亦既昏而改度適遐方之封事云朗焉其躬覩斯陰陽之競淩實中和之螟蠹聖主憂之而屢見於言公卿悲之而不得其故日米之友諒嘗進是瑞於太祖矣太祖怒之曰宋州大水何用此爲豈以當今聖明而顯俛焉是聽哉憶高皇之三載麥稱瑞於寶雞進嘉

甃之五穗命學士而制詞時則南取襄荆東下江浙閩海全齊喙息來庭秦晉周梁角崩扣闕豈若今日戎馬蹂躪而甫旋艨衝瞬息而靡定東南當春夏之殺傷西北若秋冬之奔命萬室不保一麥何支四方如此一縣何爲固知吳公之退讓或有在於斯歟

放生池賦　　王國楨

剡溪西上潭澄一碧海門周先生就不關之流施廣生之澤有魚停蓄莫計千百不畏餌于狂童嘗招詩于騷客是歲桐月日惟幾望王子國楨將事春疇過而美之因爲作賦賦曰夫羽吾知其能飛鱗吾知其必游彼四

海之淼茫與五湖之浸涪自應破浪以夫詎復吹沫而遁似逃湯祝于數網竟戀禹鑿于了洲地當聖里上有巨鄞峙鹿嶠之嵯峨接珠浦之澄漪砂明于兩岸梟泛乎中瀏無屈平之荷蓋有子猷之雪舟乃斂腮以藏更掉尾而浮白爲鱎而青爲鱒大爲鯇而小爲鯫比於牣于爻沼同相忘乎海鷗時近渚以狎人亦溯上而食蘋仰殘星之離合若萍驚初月之屈曲如鉤望白雲兮靄遠岫待清風兮颺上游志士感其一躍達人悟其知休噫嘻世路狂兮波沸人心險兮石激貪得者喪躁進者躓誰似若族之無知獨識此邦之僅僻不慕遠舉兮海

鰩聊守一介兮溪鰌春來南漲秋過水清任風濤之屢
變依臥虹以不易自爲升沉絕無厭擇非高麗之紅裳
傲貴妃之玉液老冰底于一隅窺日光于咫尺感君子
兮不綱笑行人兮勿息翠以華而見殺龜則靈而反阸
維得聖人之清故倖免夫觜嬔仿上智之愚庶幾全乎
沙磧

疏

鉅璫亂政疏

明　喻安性

吏科給事中臣喻安性題為揆地廢弛鉅璫亂政懇乞聖明蚤見預防以消宮府隱禍事臣觀奄豎之禍人家國也皆起於狠貪鷙悍輔以虎翼猴冠而投間抵隙每當政本廢弛宮府睽隔之日故王振禍貽宗社鼎沸十年其初一楊文貞輩坐制之而自足汪直流毒縉紳舉朝短氣其初一商文毅輩監制之而有餘今聖躬深處內外釜鬵則閹臣之所以求通一綫於君側者勢且乞靈於司禮夫以閹臣而乞靈於司禮則司禮反得坐制

監倘平閹臣而閹臣之政於是爲司禮用如此欲司禮之不肆虐亂政以貽害於天下國家者未之有也若今司禮監太監成敬者可患焉夫敬一丁不識籍羣翼以張鴟三窟是營翕衆流而塡壑視稅監爲莊田而高宗張爗輩之進奉幾同御前之孝順則此金珠錯落疇非取償於細賍日營纏爲外府而陳永壽等之擅聚侵牟無不總歸於尾閭則此千萬漏巵孰非漁獵乎公帑郝發一苞三孽橫行輦轂業已事發伏辜乃入其房圍數萬之賄篤言直膳淩奪刑官則藐王法如弁髦已高淮荼毒弄兵激變遼左業已奉旨奏處乃納其金幣貂參

之賂縱飲盤飧歎呼內地則欺明旨如兒戲已文職銓
除民瘼攸係乃與文書房肆行囑託上缺二三千中缺
一二千下亦不減七八百金計每月陞選便可得銀數
萬且皇上於文吏除目多緩下以示愼而不知羣璫即
乘緩以作威是銓政之亂固宿弊多端而司禮實潰其
防也武將推用疆圉攸關乃廣招債帥遇缺即營總戎
三四千參遊一二千守把亦不減八九百金通歲邀賄
奚啻數十萬兩且皇上於武弁推疏每速報以示重而
不知羣璫即乘速以示恩是樞政之亂固身自叢穢而
司禮亦借之端也若近日驚駭聽聞者尤在欽選子弟

一節此宮闈何等吉事朝廷何等大禮乃亦不忘市心暗索顧商萬金及猫睛珇琭之餽一時兄弟並膺妙選幸聖明慧目獨有所簡不然何以杜街衢之榜帖而塞羣疑之口夫敬掌監未及一年且當英主嚴察之下輒敢欺肆胡行矧從此靜攝日久厭倦潛滋煬竈蔽明將有東西易面而不自覺者臣竊爲君側危之也曩輔臣親詣宮門請謁司禮未知其所欲乞者何事乃敬即傳諭宮門何地非奉宣召何敢至此令左右呵斥以出郎凌辱縉紳勢已熏灼矧今揆地以支離狠狽之身當指摘叢加之日身辱望輕益無忌憚且去者既不成其爲

去則任者亦不成其爲任躭延委頓利歸漁人將有日
就窮落而莫可挽回者臣竊爲政本危之也方今災民
窮内黠虜逼外營若無兵將若無餉勢已岌岌再添權
璫侵政以行賕婪染之吏而收災民以賄通貪剝之將
而禦驕虜又大縱磨牙吮血之毒璫以侵冒乎極疲極
耗之軍與餉是傳火以膏趣之使烈天下事尚忍言哉
臣竊爲宗社生靈危之也昔王振汪直初亦涓涓易與
者耳考功郎李茂宏郎上言睽隔蒙蔽當有意外之虞
省臣孫博亦請裁抑西廠以剪禍蔓當時人亦以爲私
憂過計卒之二豎滔天取符若券今臣亦竊附於二臣

之義不避齒馬伏惟聖明大賜乾斷將敬嚴譴或念其罪惡未盈姑置閒曠以全其終并乞速勅二三輔臣義當引去者決於去毋優游養亂以貽禍於後人義當直任者決於任毋謙讓未遑以坐失事幾庶幾政本肅清制馭有道將旁落可杜而隱禍亦可消矣

請復誥命疏　　喻安性

總督薊遼保定等處軍務兵部尚書臣喻安性奏為遵旨請復誥命以終恩典事臣原任遼撫觸忤逆璫魏忠賢於天啟五年冬勒逐閒住歸至中途復削籍爲民追奪誥命自甘播棄無再覩堯天舜日之想矣詎期宗社

有靈聖明特起博採廷議起臣田間不惟還臣以故物
而且晉臣以新銜浩蕩鴻恩即捐糜項踵竭蹶封疆不
足報稱於萬一又何敢他有所冀以干冒濫之討惟是
三朝封典榮及所生追奪諸臣概蒙補給臣受事以來
奔走闕廷未敢塵瀆茲接邸報爲誥軸太濫須歷以後
不許陳乞雖明旨有削奪起用初次請給不在此限然
亦不敢再爲濡滯以孤聖主優待廢臣之特恩已至於
復臣原官正當龍飛建元之始即起臣今職亦在今春
及夏之交倘邀恩詔得與諸臣並給新銜誥命則望外
之恩而非微臣之所敢必也伏祈聖慈勅下該部查例

一體題覆施行感激高厚矢圖銜報於世世靡極矣

聖世百神効靈微臣愚願難隱疏　國朝趙申喬

臣仰荷　皇上隆恩轉補偏沅巡撫受事以來欽遵
聖訓察吏安民凡屬員賢否地方利弊現在諮訪次第
入告何敢越職再言前任事但　臣在浙時實有一事關
係民生目擊心許不敢壅於　上聞者查浙省錢塘江
逼近杭城潮汛洶湧最爲險急康熙四十年　臣任浙江
藩司每見衝嚙堤岸坍削田廬沿江居民幾無甯宇上
下馬塘俱難行走日夕焦心具詳前撫　臣張志棟繪圖
題請蒙　俞允部議借支歲修款銀興築　臣復節俸捐

貲湊備工料委溫州同知甘國奎董理其事圯者完之缺者補之併築子塘以護塘基乃上年秋汛大潮一日兩至衝刷日甚危險堪虞束手惶惶計無所出據士民籲稱江神有靈理宜祭禱以冀迴瀾又查康熙三十八年八月紹興府嵊縣詳據貢監生員李茂先等呈稱浙省錢塘江乃萬艘輻輳之會實諸道衝要之津怒浪狂濤不時發作早潮晚汐一日雙馳捲長堤而碎裂排高岸以傾頹沃壤良田半隨雲浪朱門白屋盡逐銀濤誠所謂威激雷霆勢亘山嶽者也按惟宋進士陳賢者嵊邑奇人浙東間氣生具神通力拯陷溺每潮神之有祭

魂輒與其馨香凡牲醴之所歆寤卽見諸畦吐植竹誓禱立成西岸沙堤假寐神遊躬護中流覆楫厥後禱祐之歲障川迴瀾寶佑之元逆風殺水爰是廷臣表異宋室褒封由大尉而進靈濟恒膺爵秩之榮轉普應而加協惠頻易公候之尊夫何元明代往數百年來久虛誥勅之頒僅享春秋之祀然而神威毅魄歷久常新每當濟楫揚帆颶颿遂裂惟搶呼之一聲賴神明之立應宜沿江以爲司命而嵊民尊稱太公者也恭遇　聖治休明　皇恩廣被及河喬嶽旣懷柔乎百神崇德報勳更優渥乎萬古伏祈俯順輿情詳請題封等情據此通詳

在案 臣 查江神陳賢屢著靈異舊膺封典事非荒誕無稽隨即齋戒三日虔設牲醴自撰祝文備告以 聖天子德隆功盛海晏河淸神果有知安瀾效順爲 朝廷保障生靈自當題請褒封以答神庥因率司道等親赴江干祭告齋心默禱祭甫畢而潮已至風狂浪激如排山擁陣而來觀者如堵踉蹌奔避乃潮距祭所百餘丈即止如有阻遏之者此康熙四十一年九月十三日事也杭城大小屬員併築塘員役及近塘居民無不目擊嗣後每日潮汐俱不逼塘得以及時施工是皆我 皇上愛育萬民懷柔百神之德化所致而江神效靈有呼

卽應其功似難泯沒臣彼時卽擬題請緣一時恐出偶
然未敢遽瀆
宸聰十月奉
命馳赴鎭筸會審旋蒙
恩轉補今任至本年二月趨迎
聖駕見浙來諸臣
僉云塘外頓起沙洲數里江濤離岸甚遠可保無虞是
江神旣鑒臣一日之誠而不負臣則臣何敢自渝前日
之約而重負江神微臣叩見
行在時亦曾經面奏
聖明茲涖楚南數月以來未嘗須臾忘也屈指前事於
今已一年矣臣身雖離浙言猶在耳神明難欺臣心難
昧不得不瀆陳於
君父之前再查臣前任浙江時有
前撫臣張志棟疏請將明季紹興知府湯紹恩褒封一

案奉　旨令臣詳議具奏臣遵查湯紹恩禦災捍患利賴甚多懇　恩給封隨蒙　勅賜祠額　欽定靈濟欽遵在案竊念湯紹恩以前守建閘有功尚得荷邀　天寵況陳賢以江神捍潮顯應自當仰籲　恩褒倘蒙皇上俯念浙省江塘關係民生不以臣言爲荒謬伏祈勅下部議將錢塘江神陳賢援例給封則波臣水吏常邀萬世殊榮而報德崇功共仰千秋曠典矣

論

論沿革　　周汝登

登聞之父老云嵊之五十五六都乃會稽之二十五六都也會稽丞徵兩都稅民抗丞乃奏請割地與民歸嵊夫抗會丞則割歸嵊再抗嵊丞又焉歸兩都去兩縣道里遠近等忽祖制而更置之於計非得諸所種種弗便姑弗論論其大者在兩都來而貽我東關徭役嵊因以敝矣詳具廢置考中

論廢置　　周汝登

余志廢置至訪戴驛蓋執筆噓唏久之宋元故有驛而

國朝罷不設以僻故烏知百年後非故嵊耶嵊故監司經年不一至而今台郡有專制之兵巡旬時來去驛道東出甯波而近以彼濱海迂阻避不走走嵊以故屬吏涓人奔走旁午於途嵊夫廩之供歲無虛日度費與驛稱矣而歲且協濟水岸夫銀一千七百餘兩於東關驛夫邑自有驛之費而更遠濟東關非法濟東關蓋自成化間始以割都故議者謂宜以兩都復歸會稽而歸我所助東關銀合歲自所供應費復訪戴驛於東門外或浦口惟是設丞無費則嵊邑小可例新昌裁簿一員裁簿置丞事兩利計甚便也斟酌而損益之是所望於持

衡之君子若義倉若勸農亭亦古常平補助之遺今圯
令長加意反覆手耳不以志廢

論城池　　周汝登

有城無兵城孰與守嵊賴吳侯有城而守何恃邑故設
民壯若干名民壯者民兵也兵不奔走是供而簡汰訓
練令專習武事一足當十一旦緩急可倚不爾如城何
若夫飭器械豫儲畜亦時宜與城俱講夫桑土之計常
在事先是所稱瞿瞿者哉

論橋渡　　周汝登

城以內無橋而有稱大橋三板橋者何余聞兩隅故有

渠則橋有之近渠壅而橋廢矣然渠必不可使終壅也故志兩橋以示之餼羊詳備山水考中南渡浮橋濟甚普說具夏氏札余自燥髮來睹記東南間民以渡被流死者無虛歲上官南北交馳人爭渡困苦特甚故浮橋用爲急邇嘗建議興舉不旋踵而廢則咎在當事者倒之海東驅石而退托不肩謬矣夫管造擇人則必成置田以備補葺編夫以時啟閉則必久如是垂百千年可也垂百千年所陰活人何可紀業垂而利鉅仁者致力焉人後甯無我輩我矣甯我輩之須

論災祥　周汝登

邑之災其饑饉爲尤可慮也夫饑饉臻而寇亂疾疫因
之故災大都饑饉始也嵊近無湖陂而溪水道淸風閒
疊隘無湖陂故乍晴卽涸疊隘故乍雨卽盈嵊爲水旱
視他邑特易凡所志葢其甚而他時小爲災者十歲而
九省斂積貯節省施惠之典宜急講而時行焉夫備在
人者天不能災無備之災雖天亦人惟人所災則有籲
天已耳而其何從乃一切他災繼起是眞可慮故余志
災異以示人毋徒云天若夫志祥瑞奚取古有之使民
田疇有禾黍不必有醴泉芝草使民伏臘有鷄豚不必
有麒麟鳳凰置弗志

論形勝　周汝登

夫剡中蓋古名士所樂遊而侈談云若越首剡面清妙秀異與夫渭水輞川之擬累代之咏歌備矣顧論形勝之實者於遊觀無取指所控引要害已耳嵊南孔道與新昌唇齒而東西北三面跨山長江爲帶據姚會之上流作溫台之門戶乃形勝之險阻亦云壯哉雖然險德之辨一介胄士能言之故知固國域民自有道即退遊觀而談險阻夫險阻足恃哉險阻足恃哉

論山水　周汝登

剡自昔以山水名其析入新昌者山僅五之一水余邑專

焉夫山水匪人不名剡山水名自王戴諸人今有若三
戴者或度越之則山水之名不特甲東南矣山水惟人
是藉哉或者曰剡建星亭鑿新河而文物益振則知山
水靈淑乃鍾人文山水實人所藉耳要之建且鑿以導
厥靈者亦莫匪人故余以前若人責生斯者以後若人
責吏斯者夫有兩若人即謂山水藉人人藉山水也無
弗可矣

論碶塘　　周汝登

嵊田所賴者惟碶與塘而碶利大顧善坍職水者當時
巡而濬治焉余又覩夫夏時稍不雨人輒以水爭甚且

聚衆百餘持梃石相格不下夫爭始不均田於碑有遠近而勢有彊弱或界限不明致是昔召信臣既導水利更立均水約束刻石田畔以防紛爭其慮周矣令司水者督之碑長次其先後而設牌輪轉其田屬何碑碑管何阪令井井不得亂爭何自起此宜先時爲計俟其爭乃理不直農事廢而且以圯其家夫溝洫本以爲利而反階之禍是職水者之責風之讓畔不易乃次莫如息爭

論井渠　周汝登

舊志城內井不載而載在鄉者余故詳內者何城內井

其尤不可湮夫使烽燧或儆計欲閉城城守卽積貯裕而烏可無不匱之泉嘉靖間曾以倭警故城不開者兩日人乃病渴裘甫據城時亦惟渴是困往可鏡已故諺有焉城之蕩蕩莫倚其疆三日無水十日無糧以是知井之用大所志特其顯者民居内尤夥守土者禁不得填甕乃防臨渴之思哉若夫渠塞而水走街衢民居卒沮洳爲病地里家又謂水出無道如人身血脈壅腫風氣亦乖故道可遡撤僭者而濬復之邑利也舊志亦不載余并揭之蓋以示利弊之微而鉅者

論風俗　　周汝登

火耕水耨民食魚稻果蓏蠃蛤食物常足無凍餒之夫無千金之子貨殖傳槩江以南而不專語越勤勞儉嗇愛而容廉而遜好學篤志尊師擇友士大夫家占產甚薄務縮衣節食以足伏臘農賈工作之徒皆著本業不以奢侈華靡為事會稽賦及尋志槩全越而不專語嵊然以嵊俗質諸語不爽雖謂專為嵊語之亦可夏雷云嵊俗敦古禮重為邪力本務穡不作無益嚴尊卑不獨於宗里閈中肩隨父事之節無敢踰越內外之辨截然婦女雖世戚寡所識面不譬男女外境屋廬服食多從卑陋非惡安土而樂業商賈無出鄉山林隱逸者能以

詩文自娛入仕多潔廉自完尚節槩其敝在溺女鬭狠
喪死治酒延賓溺堪輿家言久停棺不葬畜婢老死不
嫁美惡之故益其詳哉由今覩往大都無改乃家立祠
堂喪閒用素字女或不受財此今差勝惟服食奢淫僭
越家人子一切御綺縠純采燕聚窮極珍異盤盂狼藉
無算子弟赴試百出詐巧圖倖進崇富羞貧之數事不
逮往昔遠甚夫嵊俗初本舜禹二聖人嘗過化是舜山
禹溪其徵而清曠元朗經術節義得之晉以下諸賢所
浸沐且山峭古水湍瀉清冽鍾爲人往往勁僕與地稱
世系久遠始自晉六代或宋聚族嘗千餘指累世比屋

而居祖風能不遺忘山居而谷處不見瑰奇異產爲欲易足性率直鮮緣飾是非不枉其眞或者謂難治而實易感本以列聖賢教澤而所繫於水土成於性者如是故其稱美見諸史志不誣惟近所紀奢僭諸敝乖其故爲元氣傷不細可慮然亦非其性所安唱之乃和者或敺之邑且未盡爾而風靡者才十之三四因其性乘其未甚司風教者急宜示之趨舍左富厚而右眞修崇恬退而抑躁競使人知以詐巧進者其似穿窬不足羨慨黷貨嗜利後田宅衣馬美飲食以誇耀鄉閭其究饕餮不足傚效民務以敦龐好義爲良士務以學古慕道爲

高雖貧賤不足愧恥趨舍定而俗蒸蒸返其古初若順流矣昔巴蜀化譏刺爲文儒潁川改爭訟爲篤厚猶然可待而况復其文儒篤厚之故者易可知已語曰魯一變至於道今嵊蓋似魯夫魯入道易語其變不變失其故魯爲嵊計者毋令失其故嵊則魯矣嗟乎風行草偃之機在上而邦人士亦自宜遡古亟反即無待猶與庶幾不負嵊也與哉

論歲時　周汝登

余讀豳風七月之詩其所記日月剝棗食瓜采苴祭韭等至猥細矣皆緣其習不易其宜而道之禮俗以稱美

我邦人歲時崇尚揆之典禮不必悉中惟在因習利導使之不詭於正夫誠使樂防淫饗用愨少長儉豐勿踰其節卽歲節間燕閒謳吟伐鼓爲壽伏臘俎瓜享獻進劇飲食大小醉飽衎衎奚盭焉語云俎豆之義始諸飲食余爲采民間好尚不忌細小著於篇

論古蹟

周汝登

褚伯玉之居以深僻而愈顯戴安道之琴以不鼓而有聲破塚之硯荒墟之壺以沉埋而益重物有晦極而彌光者在質有其內耳語有之避名名歸逃名名隨詎不信哉

論物產

周汝登

邑所產自足於用者秔耳然必歲乃然秔而外雞豚耳餘皆待賈而足夫邑蠶桑寡藥不足市所種種本無者待賈無論已若木綿稉稻竹木等邑故不乏而猶無以自給乃強半衣松蕪之布飲郡城酒求新昌溫歙之木以爲宮室此豈民惰或智計鮮不務盡地力而失觀時變乃爾抑其所有者本不堪爲用耶夫地不四通產不瑰異而人不計然民之日就貧瘠也亦宜故爲嵊民者無如折節爲儉乃足自存逐時好爲侈靡是重自殘矣若夫樽節愛養之尤宜在上治之廳扁曰節愛節愛於

貧瘠之民更急扁固有深思哉

論賦役　　周汝登

邑之民瘠甚矣間嘗出遊於鄉民稱匱饑寒不免者踵相接而蓋藏之家十無二三父老相傳以爲今編戶無論富不及成宏間以視嘉靖時倍蓰矣觸目可爲流涕事催科者似不宜急而國用又不可緩用一緩二調劑之使國與民兩無病者非豈弟君子誰賴焉若夫一條鞭法邑可永永利賴而或者議數太儉令掌者掣肘則下便而上不宜豈無圖陰壞是者故論者以爲諸所議毋爲民每畝惜釐毫俱稍從寬裕使經費常得方圓數

外法乃可久斯老成卻顧之識我黎民尚亦有利哉

論學校　　周汝登

余嘗覩士在諸生時朔望旅進觀殿宇頹蕪不治輒忿邑見顏色惟當事之非乃其身一旦當事他邑則視學頹蕪多不問有告者曰姑置之吾且有政此爲志以境遷者也且學官所掌祭祀鄉飲用以交至聖激世風卒典禮之大而或者忽之祭齋戒省視不必虔簠簋豆籩不必飭鄉飲在座者不必盡醇焉而視若典弁髦然蓋禮幾以廢禮廢卽崇其殿宇彌文已夫世見上官則折節禮賓薦則隆施而忽茲兩者謂神冥冥而賓無位耳

狥勢而闇於理悖孰甚焉邑先有王公大和加意兩者今賢者在前所稱諸弊庶幾以袪余不忍夫所在積習廢禮而懼後來者或履斯弊其爲侮聖瀆典傷教化不細故著二篇使當事者不得玩且將以聞諸提風紀爲廣大教化主者

論祭祀　　周汝登

郡縣具立啓聖公祠屆期同文廟舉祭始自嘉靖間稱甚盛典云顧祭祠廟後先所在不一傳曰子雖齊聖不先父食先廟者非情非情則非禮先祠者同日兩祭則誠竭竭則懈懈不可以共神國學先期遣官祭聖公丁

日祭先師乃其制不違之郡縣使人得以私意自後先則督學之任哉或者又曰先期祀祠則孔鯉得以先夫子可乎然統於尊姑弗論乃祭爲夫子設而反後之可乎故莫若同時舉祭廟主正官而以他官奉祠祀則精誠各殫而後先無妨矣作君子爲靜海訓時丁祭主此議而卒以忤有司然此議終不能易也因附存於此云

論書院　周汝登

嵊止慈湖書院一所而近更有鹿山書院語以學不講爲吾憂知吾憂則必講學務講學則必聯羣欲聯羣則必有止而書院設焉人家父兄於子弟教之讀書則爲

之舍讀書之子弟多而舍亦廣故其家之昌明熾大用是卜焉不然子孫愚門祚薄矣爲世道計何以異此故書院惟恐其不繁興而脩舉時飭非末務也古稱杏壇即書院之别名而後來白鹿鵞湖益以稱盛吾輩法孔從朱當何倣耶曩有甘心毀廢之者幾於坑焚之慘而卒以自坑自焚亦足監矣

論學田

周汝登

田以羣士於業而免士於厄者也可少哉嵊學故田僅餘數畝何與之艱而廢以易也薛侯周以所度盈田地凡百計贍貧生用心殷矣已義民繼捐而姜侯克昌又

以入官田益之田益以富夫姜侯益田修廟兩者實勞於學就勞厥勞誰宜掩之余獨異夫朱侯一栢羅俊髦數十輩課之學宮而時其旣廩經歲有常不輟迄今人口其勞不置而久且彌以思旣不田不乏而勞不石不磨吾不知其所由然

論典籍　周汝登

稽掌故邑所爲典籍蓋其寥寥哉好古者宜廣收博購使士得貫穿古今而稱博雅邑固不乏彊記士也若鄉先達及巖穴之士所撰述亦往往不少然自戴王後卒堙滅不傳所謂非附青雲之士無以聲施後世者也悲

夫間有存者附著名氏下或傳中

論祠廟

周汝登

邑祭典統自秩宗者一廟兩祠故論次爲獨詳賢宦祠主之督學使者爲厲世大括是烏可忽他顧不經顧里社所奉按舊志姑著其名不削抑予於賢宦祠慨焉世所祠鄉賢往往稱濫以故士者鄭重不易予獨予邑與他邑異濫生於有權力者而予邑鮮權力者賢者以寡援卒卒不得問聞矣以無資輒中廢夫士有曾參閔損之行而無所先容不能使人信則寡援者埋上有楊綰包拯之公而煩以文檄不能使無費則無資者阻以故

他邑病濫余邑病遺濫則僞者倖使人不恥不修遺則眞者沒使人不貴能修濫與遺其爲教化傷等耳持衡者宜於文檄外詢之周一獲其眞斷之果旣防其濫更慮其遺卒能使不濫不遺斯人文教化之大藉也已邑賢若前代而遺有周公汝士本朝而遺有王公鈍不肖先君子諱謨喻公裴杜公民表德學事功炳人耳目余從兄夢秀又業有成議茲六七君子者誰可少哉而且更有未盡者存若名宦之遺亦類是前代有賀侯齊丁侯寶臣過侯昱史侯安之本朝有臧侯鳳朱侯一栢是德與功俱懋者而專語功則有吳侯三畏專語德則有

張侯暄林侯森學之論有王公天和以是求之他邑欲賢與宦之遺若是夥者蓋鮮矣夫國朝以來二百餘年入賢祠者僅僅兩賢晉以來千四百年入宦祠者僅僅兩宦則烏得不遺且夥若是也余慮夫遠益無徵私心痛焉揭其名以俟持衡者按名而稽諏其或有信乎余言若不背先君子有其實義不得掩故不避而筆於篇

論寺觀　　周汝登

寺觀興廢廢興不知凡幾然歷千餘年卒以不壞惟其公不有耳乃世有力者利其地善欲奪以爲居或墓公者私之不有者有之心且盤矣何地之足云或更托廬

居焚書之說實其口夫假韓朱之公談以濟己私是蹠竊仁義以爲盜必棄於韓朱者韓朱其與哉若彼二氏之徒亦不必過爲後大增擴過爲後大增擴曇與聃之教亦不然

論仕宦

周汝登

舊志令籍中無稱楊公簡者近乃祀之宦祠刱立書院以爲簡固嘗令剡此何以稱焉按史簡中乾道五年進士授富陽簿爲紹興司理常平使者朱熹薦之差浙西撫幹軍政大修改知嵊縣丁外艱服除知樂平縣夫是則往志爲疎然剡錄去其時不五十年不應疎略至是

豈以丁艱不果至嵊故弗錄耶至不至或不可知而令名不宜湮若邑建祠立院則辟之瑞鳳祥麟望者知慕以爲美談而尸祝之卽不至曷云非義余固不敢誣爲之傳而特按史表其名紀祠院於他考蓋各從其實哉

論鄉賢　周汝登

鄉賢元以前凡二十四人國朝三十八人而孝義總之二十八人遠代按舊牒近所進退抑揚不敢竊取其義卽人知罪莫必然以論評求閭里而以心事質鬼神毋苟毋濫如是焉爾矣他吾何知焉鄉賢有以名附著者以類從或以其後乃爾實無關差等覽者當自見焉

論補遺　　周汝登

志以十二卷竟矣而更補遺何文藝故實或掛漏於耳目心思所未周而闕分類不盡者補録焉然隨遺隨補不復分門别類而年所亦不甚次葢示奇於正繼方以圓辟之天十二月而合閏以成歲錯綜參伍俟覽者自得焉

序

送許時用還山序

明　宋濂

婺與越爲隣壤越屬縣曰嵊有許氏居之以詩書相傳爲名門而時用則又其最秀者也濂家婺之金華距嵊爲不遠在弱齡時卽與時用相聞方以文墨自漸磨無風雨無晝夜危坐一室不暇見旣同試藝浙闈旅進旅退於千百人中無有爲之先容者又不能見自時厥後時用以經禮擢上第爲諸暨州判官金華抵諸暨北嵊爲尤邇將騎驢走鈴下而謁焉時用又入御史行臺爲掾史御史治百司其地清嚴雖時用亦不宜與人相接

又不敢見曾未幾何金華陷於兵士大夫螻蟻走惟流子里爲樂土亟挈妻孥避焉流子里隸諸暨地在嵊之西北近數舍卽至濂苦心多畏而土著民往往淩虐流寓者白出未盡墜輒翳行林坳鈔其囊橐物甚者或至殺人又不可見及至兵戈稍息予還金華日采藥以自娛間念及時用卽欲約二三子往候之以解夙昔之思去年冬聞時用有弓旌之招使者促迫上道急於星火又不及見濂竊自念時用英俊士此行何所不至鸞臺鳳閣將以次而升何日能賦歸縱時用欲歸上之人亦未必聽也濂雖少時用一歲則已頹然成翁度何由至

用一　抵掌笑談耶藐然遐思者久之會朝廷纂修元史宰臣奉特旨起濂爲總裁官使者亦見追如前逮濂將戒行李時用至武林始旬日耳濂自念史事甚重當有鴻博之士任其責者濂豈敢與聞耤是以往或得一見時用亦非至幸歟濂至南京時寓於護龍河上方求時用舍館之所忽有偉丈夫來見者問其姓名則曰我許時用也予豈非宋景濂乎濂驚喜不及答亟延入座備陳五欲見而弗能之故時用知濂向往之切亦相與傾倒風晨月夕無不相往來一旦忽悽然曰予先朝進士也春秋又高矣不足以辱

嵊縣志　卷二十二文翰志　二

明時使者不我知强委幣而迫之來我不敢違今已陳情於丞相府矣丞相倘言之上得遂賦歸田焉不翅足矣他日又來言曰聖天子寬仁今用丞相言如所請矣已具舟大江之濱吾子遇我厚幸一言以爲別嗚呼婺與越其壤相接爾其相見甚易也乃積四十年而莫之遂厥後始見千里之外既見矣遠或四三春秋近或及期相與論學以盡夫情可也未及兩月而即去既去矣或買小艇相隨五六百里間探江花之幽靚殷勤道别亦云可也修史事殷足不敢踰都門愴然而别既别矣一二年間或得一聚首如今日焉猶可也然向者已如

此自今而後其可以必期而必信之耶人事之參差不齊何可勝道尙奚言爲時用之别耶雖然時用之歸也其有繫於名節甚大時用探蕺山之薇飲鑑湖之水日與學子談經以爲樂者果誰之賜歟誠由遭逢有道之朝故得以上霑滂沛之恩而適夫出處之宜也夫道宣上德以昭布於四方者史臣之事也因不辭以爲之序區區聚散之故一已之私爾則又當在所不計也

送徐君信夫知嵊縣序　程楷

宏治戊午春徐君信夫以鄉進士釋褐闕下拜浙江嵊縣尹予同年兵科都給事中楊君潤卿其友也因謂予

曰徐君子十年莫逆交也探其志觀其所造豈止一甲第哉而竟不偶今顧屈之嵊因屬言以爲贈予聞嵊爲浙大邑浙俗尚囂一言不相下則立鬬節深情蔓辭告訐成大獄謷謷階下惟僞訐之逞聽者臨之眞僞莫辨紛結不能解徐君果能設鉤鉅廉情而摘隱乎曰不能也邑有常需朝廷有常務彼務飾情以應命轉換爲支吾督責愈急而變詐愈多徐君能別設檻穽張危機深致之入使甘心畢事乎曰不爲也賦稅出田畝大家怙勢小家阻貧經歲不肯納則催科之政不辨徐君能易箠楚廣縲絏糜爛體膚而繫累之庶牛車擠石之輻輳

乎曰不忍也然則君將奚恃而爲於嵊耶曰君往時力學自修惟敏因自號警齋用心於警而深有得者嚚訟擾擾警之以公虚心察理曲直自見奚待於鉤鉅民事怠縱警之以義體國之勢以身先之必有感而興者奚事於設穽租税之逋警之以信立期不爽勸懲有常奚待於箠楚之易予曰若是則嵊之政成矣由是賢名懋彰褒擢必至將陟顯而登崇乎則任之益重而所施益廣也徐君又何以待之乎楊君欣然起曰君之警固尚在也

送林明府岳偉秩滿序　陶望齡

於越美山水而剡其面也晉宋間名雅君子歌笑頌歎盤遊之地在焉而其民巖畊溪飲業專嗇少無商賈四方之慕一耳目視聽以媚君長較諸旁邑又最名爲願樸顧獨以難治著稱何哉自齡始有記聞以來令於剡爲上者往沐恩寵而善遷去已去見思於民一人而已不多覯也上既疾視其民而被下以垢惡民胥聱獷狠嚚於爭訟日月重襲不可刬剔下亦弗克狎比於政而嘖有煩言以謗讟其君子斯所謂兩失也豈異民易地後先醇澆抑何謬悖哉不特其民然也其峙岸嶨而流清泚前世所賞勝詠奇者亦若有漉涅封敝瀝縮而迴

郤抱檄來者入其疆若氾旋渦陟危棧心鬬目眩盎不覺溪山之入眼矣安在其居而樂乎非特不樂而已也未幾而思去既久邑邑若墜諸谷不得出於是剡之山川果爲四方仕宦者所厭薄嗟乎山川則何罪乎吾師英麓先生人望之以爲樸茂誠篤君子也而令於剡愛先生者始無不以剡爲先生憂而難治者又或以非樸茂誠篤君子所宜處即望齡亦私慮之居無幾何聲翔聞流期月而浹及考而成萬口所喧列於薦牘考功受之厥有恩綸推所自始剡人舞手告語如譽於身如榮於家望齡詫而問焉先生何道而得此於剡也先生曰

吾邑之父兄子弟實易與吾惟拙而已夫向所謂悍戾不可教諭之民而先生獨以為易與向之譸張險側善謗讟其上者而親譽先生至問其道則曰吾以拙而已然後知愊愊循常之果足為治而剡之人民易曏於仁易遷於德不至如曩昔之所郵傳亦見於是矣夫民樸而治巧如以造父之術調野鹿故下駭而上惡其難今剡之民樸而先生亦退而託於拙拙以馭樸是故上不煩而下不駭也民保其樸先生成其大巧其相親譽不亦宜哉且先生之德於剡非一時賜其舉數十世詬惡之恥一朝而雪之剡山之高水之清洗滌芟蕪悉復其

故訟希吏散仰面眺高顛面臨深腰墨佩銅傲然有隱處之樂非獨剡之父兄子弟恐先生旦夕遷擢以去先生亦安能不眷然於剡之溪山與所哺抱之民哉又孰與疲怠厭薄欲亟去之者也望齡先生之門人喜其政成幸其近而得於親見又高先生之政得於剡者爲尤難而著於此倘不遂擯斥尙隸史官當有所述矣

周太夫人壽序　　陶望齡

昔海門子游於柯山諸生從者二十人酒酣海門子左右顧而言幸哉諸君子之事於道也盍言所以事者諸生起對畢則請先生所爲海門子曰孝弟時海門子以

賀萬壽節歸念母夫人年高將拜章匄養座下生退而言曰如先生所謂行有其言者乎既得請周旋于舍又五六歲弟子日進先生口所談論身所發揮滋益較著然大指不過孝弟兩言而已而太夫人齒亦愈高以萬歷乙巳稱九十先是望齡謝宮秩歸謁海門子於剡剡諸生大會講堂以壽言爲屬既返越士之從先生游者若而人又以爲言望齡曰諸君亦知先生所以尊親之大乎有人於此襏襫而農也圭冕而公也其親則農之公之矣有人於此鄉人自謂也人謂之鄉人謂其親鄉人之親聖人自謂也人謂之聖人謂其親聖人之親鄉

人聖人其親者其榮辱親豈直襏襫圭冕而已哉夫大榮大辱之介人情所明也然而不爲者未得其爲之方也有五穀於此襏襫而御之號曰王公之養所御有異哉所以御之者殊也盱江羅先生之言曰人不知道孝弟徒鄉士之次人能知道孝弟卽聖人之大孝弟五穀也或爲鄉人或爲聖人則御之者異也吾觀東京以降至於五代史册所傳獨行孝義其奇節至性相望先後世不乏人而聖賢不少概見及記言文王聖人之孝又特問寢視膳小文庸行而已以爲孝弟異耶聖凡同耶吾不知也斯民之生久矣皆以聖賢之人行聖賢之行

而獨見聖賢之覺汶汶惛惛賢者安於鄉黨自好之節而不肖者爲戾爲逆爲妖爲沴使孩提不慮之良扃鐍蒙羃無繇以自見夫身爲鄉人而戮其親爲鄉人之父母斯不亦悖德不仁之甚與當世之士皆知美仁義尊堯舜高推其名而不居其實故孟子曰仁之實事親是也義之實從兄是也堯舜之道孝弟而已矣世皆精言神化深極性命而不知神化性命之實故程子曰孝弟之道通於神明孝弟即神明非有二也知此者所謂覺也覺此者所謂聖也海門子其先覺者乎故燂湯調飯抑搔扶持恂恂唯唯以其身行堯舜文王之道而不疑

視其親爲堯舜文王之親而無所讓又願與當世共臻斯道油油然樂其我從也詩所稱孝思錫類其海門子之謂與太夫人設帨日在某月剡俗上觴常以歲首諸君期以上元日集於先生之堂稱萬年壽夫正艮月也望盈數也太夫人之年其如春方來月方恆乎夫遵先生以及其親諸君子之事師者厚矣若厚其身以共遵其親海門子之教也吾願與諸君子交勉之也

周海門文集序

陶望齡

望齡嘗聞諸達人明文學最盛修古業爲詞章者多矣而卓然可垂無窮者蓋鮮非獨無以加諸宋唐而鮮有

及焉自陽明先生盛言理學雷聲電舌雨岂雲施以著爲文詞之用龍谿紹厥統沛乎江河之旣滙於是天下聞二先生遺風讀其書者若饑得飽熱得濯病得汗解蓋不獨道術至是大明而言語文字足以妙乎一世明興二百年其較然可耀前代傳來茲者惟是而已會稽東海僻處也天下言文者以二先生故歸之若曰明文在焉達者曰二先生之文也非文人之文而文王孔子之文孔子旣沒文不在茲乎蓋以當代而得二人焉以系千聖跨作者郁郁乎明文於斯爲盛越之爲越其亦幸矣海門子少聞道龍溪之門晚而有詣焉自信力故

尊其師說也益堅其契也親故詞不飾而甚辯四方從之游者皆曰先生今龍溪也其門人某輩裒其答贈之詞刻之讀者又曰龍溪子之文曷以異諸望齡蒙鄙獲以鄉曲事先生受教最久舍而北來先生憂其日趨於艱僻莫知反也投之以藥言意甚苦具在刻中每展讀未嘗不慚愧汗下顧復自念古今之學術非二古人重言悟而今稍易之曷故哉沒人之教其子泅始必有憑之者也浮囊也沉木也既蹈之不測之淵驟掣其籍而去之俾自力以出而子於是善游矣先生殆誘人而投諸淵乎見予而未見其奪故咸以爲易今學者仗成說

滯故塗先生且轉而奪之吾烏知是編之不爲囊橐也哉

贈施明府三捷考績序

喻安性

國家碁置郡邑吏凡以爲民而親民莫若令故令之於民猶乳保之於赤子饑寒疴癢動輒相關一念少忽則啼號顛頓有百計求中其欲求回其怒而不可得者令之於民蓋可忽乎哉我父母施侯來令吾剡眞能以赤子視吾民而克盡乳保之任者方侯拜命輦轂下余正服官春曹見其恂恂吶吶若體不勝衣而言不出口者及諮諏利弊直窮源委竟日不休余時卽爲鄉邦得賢

父母慶已然猶意之也及敷政兩期當大計天下吏余從前垣後與聞典計凡臺司之薦牘縉紳之評品以及輿人之頌歌罔不於剡治首推轂焉余時且爲賢父母得譽處慶已然猶耳之也逾年余備兵東粵銜命入剡境見草萊辟田疇易時和年豐諸田夫晉余而賀曰自侯之來含哺鼓腹者三年於茲已既入郊道路修廣輿梁屼建而迴瀾望袴之臺亦將次第告成四顧川原秀色增麗諸工技胥余而賀曰自侯之來廢興墜舉者三年於茲已既入邑梟唬屏息市井恬熙糧輸以時訟不終競官鮮追呼民不見吏諸耆老晉余而賀曰自侯之

來家弦戶誦者三年於茲已既入膠門類圯者飭漫漶者鮮士有課課之士無田田之延見有禮而一毫不可干以私諸章縫之士晉余而賀曰自侯之來金就範土就埏桃李成蹊者三年於茲已既又登侯之堂入侯之室心如水吏如木壁有蒲鞭案無留牘適趣於花鳥凝神於淡寞余再拜晉侯而賀之曰此侯之學也此侯之所以爲政而爲四境士民之所儛忭而稱慶者也三年有成豈虛語哉鄉之士大夫以侯當奏最期謀所以侈侯代者而屬言於余余不佞無能爲侈第述其身所睹記與夫父老弟子員之所謳誦者以佐宣盛美則可謂

云爾已矣雖然祀河者先與渤祀嶽者先崑崙侯先大夫龍岡公以名儒出守毘陵造士育民治行爲二千石冠郎今碑之碣之俎之豆之侑敵方未艾侯今之治剡即先公之所以治毘陵者也剡之士若民所以貞峴山之珉修南海之祀者視毘陵又豈少遜哉旦暮續奏於廷聖天子嘉興是能乳保赤子勤於爾國者是能光昭先德克於爾家者晉秩貤封成憲具在是天子方以剡民故推恩原本吾民親沐膏澤又何能忘與渤崑崙之遡耶故因鄉士大夫之請并及其所自者如此蓋亦不忘原本之意也

李文驥文集序

國朝　俞公穀

我友李文驥先生以清德隱剡之漁郁著書自娛幾忘其老甲申六月中浣其七十也長公我張次公我廉不以世之稱壽者壽其尊人則鑄板鏤字盡出先生著述別華紫椹碧藕之筵問序於予嘗見壽壽者譽美歌功爭年箋趨盛遝絶代才人使之操筆求其文皆不傳其不傳也所以傳者不足傳也今則以必傳之詩文分勒成集德星堂中右對孺人琴清瑟麗二子五孫咸英英飛翽鳳之羽進其生平得意書迭起稱觴鬱爲紫氣於陳太夫人親教之風依依可得以此言壽上下千百年

未始有矣余浮沈閒門時有剡曲風雲遠來通徑南望白榆蔚然映人便思相約四山輕舟獨棹與結同年之社

滋蘭詩草序

魏敦廉

滋蘭詩草者余友王子樸齋之所著也余年方垂髫與樸齋同補弟子員訂兄弟交嗣後共筆研者十餘載每當聽烟夜雨秋月春花把酒聯吟嘯歌相答雖間有離合聚散之感而或一載或半載或數月輒往還過從素心無間焉孰意去春公車北上過余一別眊髦南旋蘇臺仙逝而聲音笑貌杳不可追耶且樸齋素性粹和涇

渭在胸恂然不露圭角余意氣槎枒少合於世獨樸齋不以爲非余亦幸得爲韋佩焉回首當年失此良友此余之所以撫膺而長慟也樸齋好學多藝善書畫工篆刻下及醫卜堪輿之術無不曉操筆爲古今文雍容華貴寬博有餘駢體清俊寢饋六朝閒作小詞亦得花間草堂遺韻而尤工於詩風致纏綿詞華穠麗錦囊佳句非李長吉嘔出心肝者比也嗚呼以樸齋之詩擬之於唐近白樂天擬之於宋近陸放翁顧樂天放翁皆躋顯位享大年以榮名終而樸齋僅列賢書年甫逾壯坎坷名途齎志以歿歿不於家命也如何可勝歎哉然東坡

有云惟有文爲不朽與有子爲不死樸齋二子嶄然見頭角他日能讀父書無疑也而其著作又卓卓可傳如是是亦無憾矣詮次之餘且泣且慰爰題數行以綴其後

碑

褚先生伯玉碑　　齊　孔稚圭

河洛摛寶神道之功可傳嵩華吐祕仙靈之蹟可覩蓋事詳於玉牒理煥於金符雖冥默難源顯晦異軌測心觀古可得而言焉是以子晉笙歌馭鳳於天海王喬雲舉控鶴於元都亦有羽蛻蟬化影遁形銷神翥帝宮迹留劍杖遊瑤池而不返宴元圃以忘歸永嘉惡道者窮天地之險也欹竇遏日折石橫波飛浪突雲奔湍急箭先生攀途躋阻宿栖涉圻而衝飇夜鼓山洪暴激忽而崩舟墜壑一裂千仞飄地淪篙翻透無底徒侶判其冰

碎舟子悲其黿散危魂中夜赴阻相尋方見先生恬然安席銘曰闕西升妙洛右飛英鳳鳴金闕籥歌玉京絶封萬古乃既先生先生浩浩惟神其道泉石依情煙霞入抱祕影窮岫孤棲幽草心圖上元志通大造

按宋書褚伯玉隱居剡縣瀑布山今所稱西白山也此文不甚切貼且多脫誤得毋剝蝕使然姑存之亦闕文之遺旨也

金庭觀碑文

梁 沈約

夫生靈爲貴有識斯同道奚云及終天莫反故仙學之祕上聖攸尊啓玉笈之幽文貽金壇之妙訣駐景濛谷還光上枝吐吸煙霞變鍊丹液出沒無方升降自己下

棲洞室上賓羣帝觀靈岳之縣啟見滄波之屢竭望元州而駿驅指蓬山而永騖芝蓋三重駕螭龍之蜿蜒雲車萬乘載旗旆之逶迤此蓋棲靈五岳未暨夫三清者也若夫上元奧遠言象斯絕金簡玉字之書元霜絳雪之寶俗士所不能窺學徒不敢輕慕且禁誓嚴重志業艱勉自非天稟上才未易可擬自維凡劣識鑒鮮方徒抱出俗之願而無致遠之力蚤尚幽棲屏棄情累留愛巖壑託分魚鳥塗愈遠而靡倦年既老而不衰高宗明皇帝以上聖之德結宗元之念忘其菲薄曲賜提引未自夏汭固乞還山權憩汝南縣境固非息心之地聖主

纘歷復蒙縶維永泰元年方遂初願違出天台定居茲嶺所憩之山實惟桐柏實靈聖之下都五縣之餘地仰出星河上參倒影高崖萬沓邃澗千迴因高建壇憑巖考室飭降神之宇置朝禮之地桐柏所在厥號金庭事昺靈圖因以名館聖上曲降幽情留信彌密置道士十人用祈嘉祉越以不才首膺斯任永棄人羣竄景窮麓結懇志於元都望霄容於雲路仰宣國靈介茲景福延吉祥於清廟納萬壽於神躬又願道無不懷澤無不至幽荒屈膝戎貊稽顙息鼓輟烽守在海外因此自勉兼遂微誠日夕勤劬自强不已翹心屬念晚臥晨興殞正

陽於亭午念孔神於中夜將三芝而延佇飛九丹而宴息乘鳧輕舉畱舄忘歸以兹丹欵表之元極無曰在上日鑒非遠銘石靈館以旌厥心其辭曰道無不在若存若亡於惟上學理妙羣方用之日損言則非常儵焉靈化羽變蜺裳九重堯峴三山璀璨日爲車馬芝成宫觀虹旌拂月龍輀漸漢萬春方華千齡始旦伊予菲薄竊慕隱淪尋師請道結友問津東探震澤西遊漢濱依稀靈眷彷彿幽人帝明紹歷維皇纂位屬心鼎湖脱屣神器降命凡塵仰祈靈祕瞻彼南山輿言覆賁啟基桐柏厥號金庭喬峯迴峭擘漢分星臨雲置壇鶴岳開欞礀

塗蹇產林圻葱青誰謂應逹神道微密慶集宮闈祥流罕畢其久如地其恆如日壽同南山與天無卒更生變鍊外示無功少君飛轉密與神通因資假力輕與騰空庶憑嘉誘永濟微躬

龍宮寺碑并序　唐　李紳

會稽地濱滄海西控長江自大禹疏鑿了溪人方宅土而南巖海迹高下猶存則司其水旱泄爲雲雨乃神龍之鄉爲福之所寺曰龍宮在剡之界靈芝鄉嵊亭里地形爽塏林嶺依抱剎宇穨毀積有年所自創置基三徙而安此地像儀消化鐘磬不揚堵波已傾法輪莫轉釋

老修眞持誡兹寺護念常敬願與伽藍而歲月屢遷物力無及貞元十八載余以進士客於江浙時適天台與修眞會遇於剡之陽師言老禪有念今兹果矣顧謂余曰後當領鎮此道幸願建飾龍宫以資福履余以爲孟浪之詞笑而不答師曰星歲有期愚有冥告泉元和三年余罷金陵從事河東薛公苹招遊鏡曲師已臥病而約言無易太和癸丑歲余自分命洛陽承詔以檢校左騎省廉察於兹歲踰再紀而修眞已爲異物龍宫棟宇將盡命告墳塔因追昔言遂以頭陀僧會眞部領工人將以藏事予以俸錢三百貫□□監軍使毛公承泰亦

施以月俸俾從事僚吏咸同勝因閭里慕仁風靡爭施予來之功力雲集清涼之蓮宇鬱興浹旬而垣墉四周逾月而棟幹連合奐矣眞界昭乎化城擇修行僧居之以愬寺事因具香饌告誠法王上以資我后無疆之祚次以資龍神水府之福以名寺之功力爲祐靈之顯報一雨之施潤洽必同佛言龍王心力所致使七郡山澤城邑万人介福所安賚我龍德是用迴此法力永資泉宮僧齋護念常爲仰荅余固不敢以修眞之言自伐俾竭誠以爲人刻石記言於寺之刹銘曰滄海之隅會稽巨澤維禹功力生人始藉土壤山嶼濱海之東溟漲峇

闕邈祕龍宮貝闕難知珠宮莫測雲雨交昏深沈不隔聞法必聽依佛必降豈騰溟海亦化長江既資勝因爲龍景福節宣風雨以成播育撞鐘以告三界必聞維爾龍室昭昭不昏我昔麻衣有僧傳信斯人已亡斯言不泯敬報前志以垂後功建飾儀相昭明有融普利羣生罔資己力琢磨記言垂示無數大和九年乙卯歲四月廿五日建

修學碑

宋　丁寶臣

天之道運乎上地之道處乎下聖人之道行乎其中一物不生非天地之道一民不治非聖人之道自堯舜禹

湯文武成康至孔子千餘年治天下者同其道也亂天下者異其道也剡令沈振初作學舍未及完而徙他官賓臣至則嗣而成之遷殿於其中塑孔子像高弟十人配坐左右新門巖巖應門耽耽兩序翼翼中庭砥平令與學者春秋釋奠朔望朝謁於斯學也其可廢乎噫聖道與天地無窮天地毀則聖人之道或幾乎熄學其可廢乎

修學碑　王銍

嵊西南隅羣峯之麓下臨剡溪山川環拱氣象雄張有學焉慶歷八年令丁元珍始加興葺宣和初焚於兵建

炎元年令應侯彬建孔子禮殿三年春蜀郡范侯仲將崇廊廡備像設因其舊而擴大之又明年淄川姜仲開以學爲急又建學堂移殿廡與門南向致厚於學者靡不至也落成於紹興五年秋先王建學校匪在弦誦威儀以德行道義教養成就其材將以明師友之道世無師友道不傳也孔門答問獨於顏子告其大者子夏子張爲諸侯師子貢築室原憲棄仕所被者遠也孔子沒而學進者□曾子也一以貫之許之以道矣曾子傳子思子思傳孟子所謂忠恕所謂誠明所謂養氣一也今夫辯足以使四方勇足以將三軍一爲不善不足以訶

僕姿氣懦失據不在大也是未聞曾子子思孟子大勇乎學者顯窮齊致生死不變蹈道自樂至於沒齒不可一日廢其常心而已晉南渡王謝孫李支許之倫初過浙江爲剡中山水清放之遊一時稱高尚曾不知邑東餘姚有諸馮之地舜所生也其北會稽之地禹所沒也舜禹功被萬世而有見於遺俗亦聞聖人之至德乎范侯峻明高爽從於立事姜侯剛明廉靜政在急吏寬民人大化服郁郁然洙泗之風矣儒學爲吏師政事出經術戎馬之間力興學校知急所先所嚮然矣俾刻於石知所勸焉

顯應廟碑

樓鑰

剡壯縣也兩火一刀自古記之晉宋名勝遺跡至多地以溪名以溪上之山水俱秀也邑城之北山圍平野溪行其中至四十里所兩山相向愈近剡之水易於暴漲者以此然水口氣聚所以爲壯縣也西曰嶀山巨石突踞水上其下曰嶀浦巖壑奇聳尤爲勝絕溪多積沙深淺不等惟此數里間淵渟澂澈不知爲幾尋丈潭在石下爲羣魚淵藪相傳中有神物無敢觸犯亦險絕之地也上善濟物侯廟貌像嚴毅夙著威靈據山瞰溪稱其爲神明之居其溪通曹娥大江山爲台越孔道舟車所

經無不致敬吉凶響答求夢尤應遠近以雨暘祈禱蒙
賜爲深時節報謝者相踵畫像以祀於家者皆是也駱
氏世爲廟史有吳越時公牒稱陳長官祠嘉祐七年鄉
貢進士何淹爲給事郎太子中舍知縣高安世作記云
侯姓陳氏爲台之仙居令始過此陰有卜居之志秩滿
舟覆於下拯之復溺死焉自爾靈顯民遂祀之天禧初
有神兵之助而受此封然酈道元之注水經出於後魏
已言嶀山北有嶀浦浦口有廟甚靈驗行人及樵伐者
皆先敬焉若相盜竊必爲蛇虎所傷則廟已古矣況台
州樂安縣五代時改爲永安至皇朝景德四年始改爲

仙居不應石晉之前已有此名豈侯實爲永安縣令後人誤承仙居之名耶正如磁州崔府君國家奉之甚嚴會要以爲後漢之崔子玉孝宗皇帝聖德事蹟謂賜名從玉蓋以始生符瑞默契其名而昭陵實錄乃爲貞觀中滏陽一縣令也幽冥之事不可究知傳記亦有謂靈祠間有以剛方之士代之者惟其血食有素授職於朝故封爵之報與臣子不殊也建炎元年金兵入越欲犯邑境以神之威不戰而退乾道嘗賜香茗之奠今丞相大觀文謝公布衣時由丹邱赴南宮神已告之富貴之期是舉登科作尉此邑事之尤謹公既登樞筦脩職魏

君必大卒邑人以加封爲請慶元改元賜廟額曰顯應公之力也魏君年及八十爲一鄉之老旣募衆力新其祠而鑰之子潚適爲丞介以請記惟神之姓氏勳績著聞已久潚又能道祠宇祈禬之詳且將捐私財刻石并爲記之脩廟之役劉令君築先以十萬錢市材魏君以宰木助之周令君悅取以建殿宇始於慶元四年十一月成於六年六月而經始者魏君也

邑令佘洪道愛碑　元　方回

昔言子游宰武城夫子過之聞絃歌而莞爾子游以聞諸夫子者對曰君子學道則愛人小人學道則易使也

古之人琴瑟詩書不離左右以學夫道君子治人者也
子游之身與邑之士大夫皆是也小人治於人者也邑
之百姓是也子游身自絃歌率夫邑之士大夫與百姓
無不手絃口歌家琴瑟而戶詩書君子以此道愛乎可
使之民而民以此道事乎愛已之君子此古儒者之政
以治天下可也而況一邑乎谿都余公自福建省理問
所官尹越之嵊縣儒其政者也道之見於愛者其大有
三元貞二年丙申秋下車越歸職方二十一年矣未科
夏稅上司科夏稅自明年丁酉春始公建言省咨元行
初江西以省斛較文思院斛民多納米三斗奇故免夏

稅用此例絹一疋該米三斗奇準時價中統鈔可兩貫奇亡宋景定四年癸亥內批以越罕蠲夏絹一疋折納十八界會十二貫永遠爲例故碑具存時十八界會一貫準銅錢二百五十文十二貫計銅錢三貫向者欽奉先皇帝聖旨亡宋銅錢三貫準中統鈔一貫今欽奉聖旨浙東等處夏稅依亡宋例交納則絹每疋合準中統鈔一貫爾公力持此二說請之府上省未報公又獨申言於右丞馬公紹趙公說省劄下酌公請越夏絹一疋準中統鈔二貫他郡率三貫民無不感此道之見於愛者一也公曰未也今惟田科糧絹差役而山與地不科

非古法諏於衆援舊令史安之例爲魚鱗籍酌步畝上
色減田之所科均之山若地田一洗産去稅存詭飛暗
寄之弊此道之見於愛者二也秋糧以布代輸舊比邑
輸布一萬二千奇大德二年戊戌秋已輸五千二百奇
俄以淮郡旱蝗改徵米隣郡布皆退公輕身詣府力言
不便已入庫布免退尙當起米三阡碩奇公謂灘險嶺
峻民疲乞椿留備邑春歉民又便之此道之見於愛者
三也然皆愛之根於道者爲之其大者亦有三學廟久
圮公每奠謁必督率葺治宏麗倍舊季攷月講罔不謹
而儒庠興首創二戴書院表章先賢而儒風勵三年己

亥夏他郡拘文以儒充里胥公獨曰夫子之道垂憲萬世詔旨也詎不役儒而儒戶安公天性剛正徤決廉介而好學以己之好學而欲邑之士大夫無不學故爲政必自儒學始公於是邑發軔而措之廟朝受道愛之賜詎止此哉邑人伐石請書公偉績樹之講肆名曰道愛之碑而以敎諭劉悌來言如挫豪强戢虓暴盜弭訟清吏畏卒悚皆道愛之實績如禱雨卽應禳螟不菑蠲社壝禝壇飭鬼神祠備禮器應禮典亦道愛之餘事旣爲文又詩之公名洪字仲寛年甫四十九詩曰惟剡劇邑治劇不難民心之服民力之寛俶徵夏稅統幣准絹寛

民之力匹准貳券不地不山專賦於田寬民之力山地
均焉緝麻爲布以代輸糧寬民之力免於吏張儒庠之
興儒風之勵儒戶之安惟根有秋學以知道道以愛人
惟尹也學道愛及民道爲愛本愛爲道用惟尹之心以
儒爲重尹也朝矣匪刻敢私千古不磨道愛之碑

王貞婦碑　　李孝光

王婦者夫家臨海人至元十三年王師南王婦夫舅姑
俱被執師中千夫將見王美麗乃盡殺其舅姑與夫而
欲私之王婦憤痛即自殺千夫奪挽不得死責俘囚婦
人雜守之婦欲死不得間自念當被汚即佯曰若殺吾

舅姑與夫而求私我所爲妻妾我者欲我終善事主君也我舅姑與夫死而我不爲之哀是不天也不天君焉用我爲願請爲服期月苟不聽我我終死爾不能爲若妻也于夫畏其不難死許之然愈益謹守明年春師還挈行至剡水上守者倦之滋益懈過上青風嶺婦仰天竊歎曰我知所以死矣乃囓拇指出血寫口占詩山石上已南向望哭自投崖下以死或視血則血漬入石間盡已化爲石天且陰雨復見血墳起如始日當是時后妃嬪媛不死之三公九卿不死之郡國守邊大吏不盡死之而貞婦獨守死下從舅姑與夫死獨何仁也夫人

秉彝之性靡不有乃匹夫匹婦由之遂以驚動萬世苟人人慮此則金湯不足喻其固矣鉤戟不足喻其強矣志士仁人不足喻其烈矣何有去國僨家之憂彼貞婦何爲者顧奮爲烈丈夫之所不必爲彼宜爲而有不爲悲夫至治間其邑丞徐端爲起石祠樹碑祠中以旌其鬼焉余曰始吾見長老言貞婦所從死不能悲也後身過其地見擲血化爲石追念貞婦決死時徬徨悲傷不能去豈其鬼未泯尚猶感人吁嗟乎匹夫匹婦顛沛流離誠能動天如此夫天豈遠人哉天豈遠人哉

前志作王烈婦傳攷越中金石記額曰王貞婦碑碑存紹興府學高五尺四寸廣三尺四寸元至正中旌

曰貞婦明萬歷十三年改題宋烈婦祠

李孝光撰碑時猶未易謚也宜仍舊額

朱公德政碑　明　呂光洵

傳稱古今循吏惟漢文翁召信臣最著文翁之治蜀也以教作士召信臣之治南陽也以水利民當漢時蜀去長安遠地僻猶有蠶叢魚鳧之遺風文翁治之誘之以文學招民間秀異爲學官子弟親自飭厲或遣詣京師受業博士買刀布齎計吏以遺博士數歲蜀子弟皆明經飭行斌斌比齊魯矣召信臣治南陽郡爲民興利時時行視郡中水泉道開溝洫起水門隄閘凡數十處以灌注作均水約束刻石田畔以防分爭其化大行郡中

莫不力田孝友民稱召父云夫循良之政亦多矣惟水之利與教化之功久是以古今稱循吏曰文翁曰召信臣顧不偉歟嵊古之剡縣也在紹興東其民夥其政繁近爲政者多倣倣鮮知先務之爲急故其政龐而民不附今朱侯之治嵊也比及三年政成而士民懷之今年夏遷南京光祿去諸文學謀於其師王公天和請狀侯政教乞余言以昭後政乃又介余姻友舉人張君希秩王君應昌來速其所稱述如王公狀狀言朱侯始至視其縣治俯江流而居其左曰是風氣之攸鍾也宜斯文之振振仍仍無替於昔也諸文學咸曰縣治無改於舊

而江流之環於左右者非舊也江流舊自西而南南而逦東以北旋於四隅秀淑之氣凝焉人文滋盛時若王右軍姚太師父子昆弟俱以文章著稱鉅邑焉自大江流之徙而南也直趨以東於是人文漸不逮古矣侯乃升高以望曰信夫如文學父老言遂鑿渠增隄引江流復其故道詹者曰嵊之人文必且復盛如往昔矣侯曰是地道耳其務修人道乎於是聯諸文學之秀異廩餼於別館比其文藝日試而程之更迪以德業諸文學莫不兢兢自奮於文行蓋蔚然可觀已萬歷癸酉士舉於鄉升於春官者三人焉蓋近所未有也由是士歌於校

民讙於野曰吾侯其古之循政與甯獨勸學利水已乎凡其覗經籍綏征徭謹刑罰汰冗費明禮教以厚民俗者多可書請書其大者以係吾民之思予乃書而爲之辭曰維古剡邑居越之東江流迤邐風氣攸鍾維時人文既秀且崇維時江流東南靡常悠悠百載靡遘其昌維時令尹厥謀惟臧鑑於往蹟是經是營名曰休哉宜亟爾工乃迴其瀾既順既從協於休祥人文之光三秀奕奕令聞煌煌感是令德宜誦宜颺攻茲貞石璺宫之旁維百千祀永矢弗忘

王教諭天和去思碑　張元忭

嵊諸生數十輩持所編政教遺思錄造余拜而請曰此吾邑人爲吾師芙山王先生作也先生司教於嵊者九載視邑篆者三月其德澤被於人無久近無不心戴之者陞南安郡博以去吾士民欲挽其行而無從也敬邀子一言勒之石以永吾師余閱其編列王君善狀凡十有八其大者則禮書之布也士氣之培也孝節之旌且有贍也卻苞苴也具祭器新膠門也恤民之災緩催科平聽斷也正民之俗喪者不茹葷誕女者不溺也余閱之敬歎曰有是哉王君之善教與善政其兼舉矣乎則又謂諸生曰王君之學其有本乎夫教與政非二也古

之君子其修之於身推之教與政者皆不外乎禮故其學出於一而用隨試而輒效蓋孔門言仁其要在復禮教人諄諄以禮爲訓而極之爲國以禮然則修己治人一本乎禮豈非孔氏之家法也歟余少也竊嘗學禮惟於喪禮有不忍及也甲戌秋斬焉衰絰乃始讀喪禮不能無悔於心且禮所載殆有疎而未備者有疑而難通者猶不能無疑於心已乃得王君所訂禮書讀之而有所取衷焉余是時固已向往王君久之詢其行於嵊之人士嵊之人士數其事而余獨窺君深則知其所致力者固自有在政教之施特其緒餘焉耳蓋君爲雙江東

郭兩先生之高弟嘗從事陽明子之學矣陽明子之始而揭良知以覺人也謂良知盡於約禮是豈徒談妙悟而畧躬行者哉迨其後則爲說幽渺而愈令人惝恍而不可究詰甚者蕩於禮法之外而藉口於解脫則重爲斯道病矣君旣有會於良知之旨而痛挽末流之弊其始司教於嵊也輒慨然曰學莫先於禮舍是則何以爲教故首爲禮書以示之而躬教行以爲諸士先凡君之所以爲教者有一不由於禮者乎已而受檄視邑篆也又慨然曰治莫先於禮舍是則無以爲政故惕惕焉勵官箴重民事振廢舉墜凡君之所以爲政者有一不由

於禮者乎夫君之學一本於禮而施之敎與政隨試而輒效如彼空談鮮實者爲何如斯可謂有功於陽明之門不畔於孔氏之家法者也豈獨有遺私於一邑而已哉君名天和字致祥吉之永豐人也勒是碑者爲張生籍尹生紹元袁生日新周生夢秀夢斗宋生應光王生應昌張生希秩而碑之建爲萬歷七年歲次己卯四月之吉

惠獻祠碑

國朝 魯曾煜

嵊爲越支縣而自錢塘浮西陵渡徑於越絶曹娥江而東必由是假道焉以達於臨海郡而後之東甌洄泝登

頓道狹多阻是爲東越之重蔽而居艮維漢元封初樓船將軍出武林攻東越者蓋道此而東越發兵距險使守武陵者亦此道也　國朝康熙十三年耿精忠反閩越旣西陷衢之常山諸縣乘勢蹂東甌長木之標天台黃巖仙居以次淪寇域而震於其鄰實逼處嵊嵊多窮鄉篝火狐鳴往往與相應和於是乘城者以攻城告北道諸郵保以焚掠告西道之貴門山又以剽奪告蠢蠢焉人莫必其命當是時甯海將軍固山貝子閩章安警方董師往狗之而取漢樓船攻東越古道道嵊知狀則曰鼠子敢爾以大敵在前吾弩千鈞必不爲鼷鼠發也

雖然圖大於其細可芥視耶以勁卒一千隸參軍滿進貴方畧教導并指畫山川要害處命與郡守許宏勳好爲之文武吏胥用命凡三與賊遇而殺其僞將五人降二人就擒者二人斬首七百餘級械資如山有吉語聞貝子喜曰寇可盪矣然窮困覆車愼勿與鬬力也令僞若退師者各取酒張坐飲而設樂以賀戰勝中酒則銜枚襲之是爲貴門之戰賊大首自邱恩章以下凡九十人卒坐縛無一脫者騈斬以徇而宥其黨脅二百餘根株薙獮走伏路斷嵊入乃以首搶地望貝子遥祝曰更生更生伏惟貝子以華蓋之金枝擁上游之玉帳其薦

功在閩越其籌勝在臨海在東甌烏巖之尾則狄武襄之奪崑崙也西山之屯則李長侍之扼洞曲也石塘之攻則鄧征西之縋險平也維此嵊邑道塗所經未遑信宿然而碑在人口於今不衰易不云乎重門擊柝以待暴客蓋取諸豫以嵊之蔽東越也癬疥有疾失時不治則並潰漏發五管指天彼且鴟張我且狼顧至於狼顧而師之居上流者支左詘右備多力分入鬬之期嘖曰持久魚則遊釜燕乃笑堂救溺者趨豈應若此是故貝子之早計雖以張睢陽蔽遮江淮之功況之匪汰也今嵊人離湯火且七十年矣其老者如痛定之思當痛其

少者以所聞逮所傳聞雖豐碑桓楹已卓道左而棲神蕭寺或匪憑依循甘棠之茇舍謀庚桑之俎豆相方視阯以諏以龜在城東維厥既得卜屬役賦功邪許自偕麗譙有門祭有堂繹有祊納牲有庭左右徠配食有序明宮齋廬品式俱備顏曰惠獻祠從厥諡也既告成事都人士禮拜祠下仰榱棟而俯几筵念貝子以勞定國以死勤事既已銘書太常發蹤指示爰自嵊始尸而祝之實應祭法而使金堤勿潰蟻穴其不惟嵊之爲抑稽陰間千巖萬壑胥安堵焉都人士其又敢忘賜傳有之公侯之子孫必復其始今制府膺　天子命爲諸侯

師閩嶠江濤稾兜戟纛昌黎碑曽成王所云王亦有子處王之所者也此之謂不朽豈特世祿家之守宗祊而已歎仰之不足乃敘次功狀於繫羊豕之石而綴以詩曰閩寇鴟鴞張厥嘴距趾我東甌以掊婦尸黑雲壓城赤熛失據嶀小而逼隘三里霧西鄰北管奪釜中路我公天威大師相遇米聚山川塵如敵數計定後戰以指畫壯犄之角之三捷彌怒大鏖貴門覆取山下衿甲坐縛阬塞蹊杜魚鼈歡聲剡溪嶀浦甲子終矣如日旦暮祭於大烝司勳有故鹿胎之山飄兮靁雨益東從屯大啟爾宇其延肆肆維物牲具刲羊繫豕烹焚釆朮狐雉走

羣望春秋卽序神無不之以篤我祜

金潭雙溪洞橋碑　徐大酉

雙溪發源於東陽條山葉水谷澗滙合抵雙溪而成巨浸其上有龍湫噴瀑數十仞雷霆不時潭水暴溢奔騰駭突顛倒魚鼈出沒鳧鷺不可名狀舊架木橋以利津涉椽杙於石隨沙漂汩朝置夕圮冬涉過臍夏潦滅頂行者賦苦葉引箜篌矣明經錢公諱珍居長樂去雙溪十五里聞而憫之謂木橋建置非所以圖永久也夫纍石而步則深不可砥鑿石而梁則廣不可柱若編石而跨之方上銳下石齒相嚙愈墜愈堅矣故虹橋之式豈

峯背平銅駝勒踣蹏乎鐵馬山澤之國水利利之經費之浩繁吾當獨任焉議既成而錢公歿遠近失望嗣君名釗躬在苫塊嘅然痛先志之未就素屨素裳跋履隄岸據衝要之繁會控濤瀧之合趨仍幢浦之砥堅相犖确之樸屬鳩工量材度其高廣而起事焉始道光元年七月日閱三年十月十日訖工計水門之高者七丈有奇廣殺之橋之長十丈有奇廣二丈厚稱之隄左右甓以巨石橋左右翼以扶闌澄流下俯食鱗半橫沙明而水碧翼乎斷雲之入峽纖乎殘虹之飲川娟娟乎新月之偃波貼貼乎覆舟之藏壑也橋北創武肅廟釗故王之

裔胄肇自强弩發機鴟夷斂跡保障之惠垂十四州王之精爽天地昭焉茲橋之建在王子孫則夫藉鐵券之威永鎮河嶽俾向之秘怪恍惚蜿蜿蜒蜒者鱗飭而讋懾安瀾而效順於義宜祀廟外爲茶亭以飲渴者義漿所滋醴源無竭綜厥支費共萬有餘緡工報竣諏吉於其年之十有二月六日割牲而祈之刻載其先君子栗主履橋道而告成事焉嗚呼此可見仁人孝子之用心矣抑是役也金潭文學過庭訓實克勤之以考工力之勤惰酌出納之盈耗故事速而功倍況天樞要作限通塞道濟劇驂輦於岡阜并規畫形勢書之畧節以授記

於余余維宋文憲公爲廣濟橋記昔蔡襄記萬安渡石橋不過百二十二字葉正則作利涉橋記乃六倍之予斟酌其繁簡而爲斯記古人爲文動有規則余何敢承惟是東陽東界於嵊玉山之市於長樂諸鄉者屢相掣也吾以其碑諸口者口諸碑焉而已

惠雲菴茶亭碑　竺虞佐

惠雲菴者處士張公繼室儲氏承夫志而置也公諱懷禮以此地上通古明州下達蠡城旁連台與婺往來雲集盛夏五六月人鬱鬱坐甑中擔負者冒熱中惡僵臥道路旁不絕洎乎隆冬朔風加厲旅客膚革如蝟縮得

少許薑茗何減醍醐而卒莫之給爲惻然吾久之議定建菴施茶以加惠焉功未肇尋卒衆謂是舉虛矣氏撫遺孤及孫皆未及成立卽慨然曰吾夫有惠心而不蒇厥事地下目必不瞑是未亡人責也立飭材鳩工於乾隆甲辰年經始越明年落成幷捨田若干畝爲持住薪水薑菝費予每經其地輒心儀不忍置以爲當世巾幗者流見夫施什伯於緇林率敦勸若不及及欲行一濟人事不出言相勉勸又阻之交謫焉者皆是也是雖有所施舍希冥福耳何惠之可言氏嫠也子幼孫復弱煢煢無告自治或不暇給獨委任良工成茲惠舉置產立

規可及久遠以終遺志是眞能同厚於仁不死其夫者
詩曰釐爾士女言女而有士行也其是之謂歟今氏郎
世三十餘年矣長孫基聖亦繼殞少子開宗暨曾孫國
安等因懼先志之或湮而持住人亦怠且玩謀書其事
於石而丐言於余余固嘉氏之善成事而并嘉張處士
後人能不朽其先也是爲記

墓誌銘

單君範墓志銘　　元　戴表元

吾剡源有爲明經之學者單氏諱庚金字君範與余俱以詞賦行州里間有名旣不得志於貢舉卽去而他游庚午秋余以太學薦送兩浙漕運使者亦以君範名聞明年春余成進士君範竟守母喪居廬迨甲戌歲始來就南省別試所乃見黜免於是歸隱剡源晦溪山者三十年日夜取古聖賢經傳遺言洗濯磨治家無羸餘口不道營殖面不帶憂慍飲水茹蔬客至開門清言欵接忘倦蓋眞以德義自給者而余解棄官守攜持老稚晚

方徒依君範同鄉而居每見之未嘗不內媿也君範卒且葬其孤以事狀來徵銘按單氏之籍自婺遷明奉化凡三枝居湖三枝稱會稽理曹掾德居居下郝枝稱鄉貢進士淵而晦溪枝稱君範曾祖光喆祖大年父欽字崇道世醇儒君範知讀書崇道公輟衣食用以供師妣龔氏尤賢明遊學資費取之簪珥無吝惜著有春秋二傳集議等書嗟夫君範性無利祿得喪於心故能善其道全其身若令得一下士之秩碌碌馳驅塵土中終復何所成就令居產能致千金裝孰與清素貽子孫之爲安然君範性謙曠非他人能商畧利害爲避就往往大

山長谷故家遺俗風聲氣澤陶鎔停積而然乎生某年月日卒某年月日壽六十七娶吴氏子男二以某年月日葬葛竹山兆穴手自銓製蓋於地理家亦精其奥矣銘曰大山嶙嶙長流沄沄是爲晦溪明經處士之墳百世之下窮無知者勿斸其石勿剪其價

祕閣校理丁君墓誌銘 補遺

宋　王安石

朝奉郎尚書司封員外郎充祕閣校理新差通判永州軍州兼管內勸農事上輕車都尉賜緋魚袋晉陵丁君卒臨川王某曰噫吾僚也方吾少時輔我以仁義者乃發哭弔其孤祭焉而許以銘越三月君壻以狀至乃敘銘赴其葬敘曰君諱寶臣字元珍少與其兄宗臣皆以文行稱鄉里號爲二丁景祐中皆以進士起家君爲峽州軍事判官與廬陵歐陽公游相好也又爲淮南節度掌書記或誣富人以博州將貴人也猜而專吏莫敢議君獨力爭正其獄又爲杭州觀察判官用舉者兼州學

教授又用舉者遷太子中允知越州剡縣蓋其始至流
大姓一人而縣遂治卒除弊興利甚衆人至今言之於
是再遷爲太常博士移知端州儂智高反攻至其治所
君出戰能有所捕斬然卒不勝乃與其州人皆去而避
之坐免一官徙黃州會恩除太常丞監湖州酒又以大
臣有解舉者遷博士就差知越州諸暨縣其治諸暨如
剡越人滋以君爲循吏也英宗即位以尚書屯田員外
郎編挍祕閣書籍遂爲挍理同知太常禮院君質直自
守接上下以恕雖貧困未嘗言利於朋友故舊無所不
盡故其不幸廢退則人莫不憐少進也則皆爲之喜居

無何御史論君常廢矣不當復用遂出通判永州世皆以咎言者謂爲不宜夫歐未嘗教之卒臨不可守之城以戰虎狼百倍之賊議今之法則獨可守死爾論古之道則有不去以死有去之以生吏方操法以責士則君之流離窮困幾至老死尚以得罪於言者亦其理也君以治平三年待闕於常州於是再遷尚書司封員外郎以四年四月四日卒年五十八有文集四十卷明年二月二十九日葬於武進縣懷德北鄉郭莊之原君曾祖諱耀祖諱諒皆弗仕考諱東之贈尚書工部侍郎夫人饒氏封晉陵縣君前死子男偶太廟齋郎除隮爲進士

其季恩兒尚幼女嫁祕書省著作佐郎集賢校理同縣胡宗愈其季未嫁嫁胡氏者亦又死矣銘曰

文於辭爲達行於德爲充道於古爲可命於今爲窮嗚呼已矣卜此新宫